第一本親近佛陀的書

釋迦牟尼小百科

橡樹林

推薦序

華藏世界，原點佛陀

親近及認識佛門的途徑有許多，有人折服於佛教義理的殊勝，有人欣羨佛門生活的清淨，有人契入生命解脫的可能，更有人則因於生活煩惱直接祈求佛菩薩的靈驗。這種種不同因緣界定了生命不同的受用。但要如何才能辨析種種受用是否真的饒益於生命，就不能不回到佛教的原點來探索。且既然「人能弘道，非道弘人」，有心人對佛教創始者釋迦牟尼的了解，乃必然要成為在此最直接有效的一種契入。

誠然，佛教徒之所以一向尊稱釋迦牟尼為「本師釋迦牟尼佛」，是因為有他的覺悟與宣說，娑婆世界的眾生才得以認識佛法。以此，佛法精神最具體的呈現也只能求諸於對釋尊生命的理解，否則，就難免有異化的可能。

然而，話雖如此，不論從教義的開展，佛法的流布，或修行的體驗來說，「佛」在佛子心中卻不僅是種人人可以達到的境地，甚且，無量宇宙本就有無量的佛，歷史中的佛陀也只不過是釋迦牟尼佛為廣渡此土眾生所示現的「應身」而已。所以，佛子心中的「佛陀」就常是個義涵無量、變現多采的生命。這種認知既超越了歷史的佛陀，也揭示了終極生命的完成，自然成為佛教理論與情感投射的中心，以此，歷史的佛陀對

許多佛子而言遂常成為一種模糊的傳說。

坦白說，這種發展是佛教深化繁衍的必然，可也讓各種雜質有依附衍生的可能，而其副作用之一，則是使眾生在修行路中流失了一個可以自我勘驗的清晰座標。

或許就是如此，這本《釋迦牟尼小百科》才會鎖定在所謂「歷史的佛陀」這樣的層次來寫就，如此不僅可以扣住佛教出現的原點，且更由於「應身佛」釋尊的人間性，乃讓佛教對生命的諦觀更為貼近眾生，所謂「人人具有佛性，人人皆可成佛」，也才成為一個非常具體可徵的「事實」。

的確，習慣了華嚴、法華無邊斑斕的佛法宇宙，回過頭來看看歷史的釋迦，其實可以有繁華落盡的朗然。而在佛教發展中，這種返璞回溯更是讓佛法永遠貼近生命的關鍵，禪宗就是典型的例子，在某種意義下，它也只不過是體得兩千五百年前一位印度老比丘的本心而生的，可卻讓無數的生命得以繼續在佛法中觀照、涵泳與親證，從這樣的角度，我們自然希望能有更多人來親近這本「如實的書」。

佛光人文社會學院藝術研究所所長　**林谷芳**

目錄

●信仰檔案

釋迦牟尼圖像篇──佛陀造像的解析與演變

人間佛陀

釋迦牟尼，是歷史上的佛陀，

大約西元前 **6** 世紀，

誕生在古印度的迦毘羅衛國，他的父親是淨飯王，

將他取名叫喬達摩‧悉達多 **(Gautama Siddhartha)**。

悉達多出生後即喪母，自幼多愁善感，

受傳統婆羅門教育，常感世事無常，人生是苦，

在二十九歲時出家，做沙門修行，追隨當代思潮大師，

先學禪定，再修苦行，後來又自行苦行了六年，

最後在菩提樹下悟道成佛，

從此，人們稱他為「佛陀」**(Buddha)**，

因為他是覺悟出人生智慧的聖者。

佛陀，秦言智者。有常無常等一切諸法，菩提樹下了了覺知，故名佛陀。

——《大智度論》卷第二

右頁圖：佛陀頭像 北魏(386-534) 山西雲崗石窟(王露攝)

悟道成佛

二千五百年前，在印度尼連禪河畔的菩提樹下，釋迦牟尼精進思惟，

經過好長的時日，他把多年的學習做一個總整理，

從修禪定、習苦行，一直到體悟只有不偏不倚，

以智慧觀照，才能衝破生死苦海的藩籬，得到解脫。

當時，佛陀所體悟的生命真理是什麼呢？

那就是──

「諸行無常　諸法無我　寂靜涅槃」

原來世間萬象沒有任何事物是恆常不變的，

都是因緣和合而成的。

人也是一樣，從出生到死亡，

每一刻都在變化，沒有一個恆常不變的我存在。

如果我們能體悟這個道理，

就不會讓苦生起，就能達到喜悅安詳的境地。

這就是有名的「三法印」。

為了幫助眾生離苦，佛陀又宣說「四聖諦」──

此是苦，此是苦集，此是苦滅，此是順苦滅道。

從苦的真相(苦)、苦的根源(集)、到解脫苦的狀態(滅)與方法(道)，

教導人們止息痛苦煩惱，趨向理想的解脫境界。

從三法印、四聖諦，一直到八正道、十二因緣法……

都是佛陀在世所宣說的佛法要義。

右圖：金銅佛坐像 13世紀 西藏地區(陳慶隆提供)
右頁圖：金銅佛坐像 14世紀 西藏地區 (陳慶隆提供)

初轉法輪

佛陀在菩提樹下徹悟人生真理之後，
重新整頓自己，面對人生。
他決定走回人群，向人們宣說奧妙的佛法。

歷史上第一次的說法是在恆河邊上的鹿野苑，
在那個傳說中麋鹿雲集的古老原野，
佛陀循循善誘，向五比丘說四聖諦、八正道……
這就是歷史上有名的「初轉法輪」。

這次說法讓佛陀有了第一批的跟隨者，
形成最早的佛教僧團，
同時，具足了佛教三寶：佛、法、僧，
從此，信仰者必須皈依三寶，才算是佛門弟子。

從這以後，佛陀開始了說法與教化眾生，
他認為眾生皆有佛性，只是被妄想執著給矇蔽了。
他也要每個弟子和他一樣，
為了眾生的幸福，要到各處遊方說法。
去宣說那能讓人離苦得樂的四聖諦。

右頁圖：釋迦牟尼佛坐像 2-3 世紀 印度犍陀羅 (震旦文教基金會收藏)

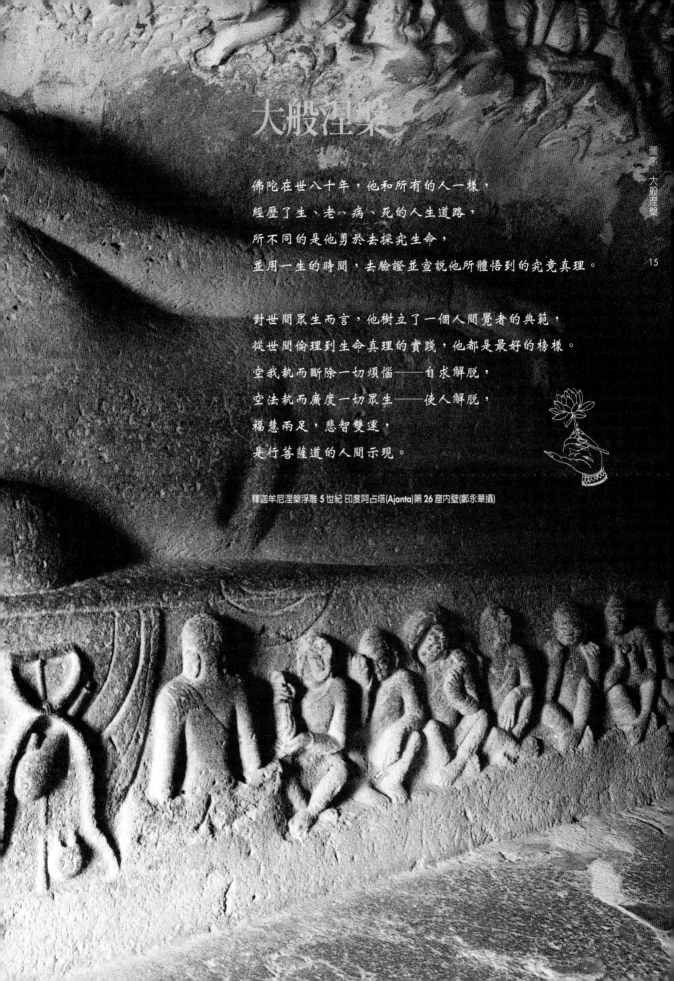

大般涅槃

佛陀在世八十年，他和所有的人一樣，

經歷了生、老、病、死的人生道路，

所不同的是他勇於去探究生命，

並用一生的時間，去驗證並宣說他所體悟到的究竟真理。

對世間眾生而言，他樹立了一個人間覺者的典範，

從世間倫理到生命真理的實踐，他都是最好的榜樣。

空我執而斷除一切煩惱——自求解脫，

空法執而廣度一切眾生——使人解脫，

福慧兩足，悲智雙運，

是行菩薩道的人間示現。

釋迦牟尼涅槃浮雕 5 世紀 印度阿占塔(Ajanta)第 26 窟內壁(鄭永華攝)

佛法廣布

釋迦牟尼在世傳法四十餘年，
一生的足跡踏遍恆河流域，從未離開過印度這塊土地，
到了今天卻是法水遍流五大洲，
佛陀所開創出來的佛教，
與基督教、回教，並列為世界三大宗教。

佛教傳播到世界各地的時間其實很早，
早在釋迦牟尼涅槃後二百五十年左右，佛教就成為世界性宗教了。
傳說當時著名的印度國王阿育王為了弘揚佛法，
在各地廣建八萬四千佛塔，並派高僧到海外弘法，
由於這個因緣，佛法傳播到了世界。

二千五百年來，佛法傳布到世界有三個路線，
形成佛教的三大體系：
1. 南傳佛教：西元前 3 世紀，由印度南傳至斯里蘭卡，
再傳東南亞的緬甸、泰國、高棉等國家。
2. 北傳佛教：西元 1 世紀，由喀什米爾出發，
經由中亞絲路傳入中國地區，隨後再傳入日本、韓國。
3. 藏傳佛教：西元 7 世紀，由印度越過喜馬拉雅山傳入西藏地區，
隨後傳入尼泊爾、不丹、錫金等國。

在 21 世紀，
藉由便利的傳播與交通，我們可以
在任何地方認識南傳、北傳以及藏傳佛教，
閱讀經典，觀近佛陀，
濡沐佛陀傳衍千年的佛法聖諦。

左圖：佛立像 北齊 (震旦文教基金會收藏)

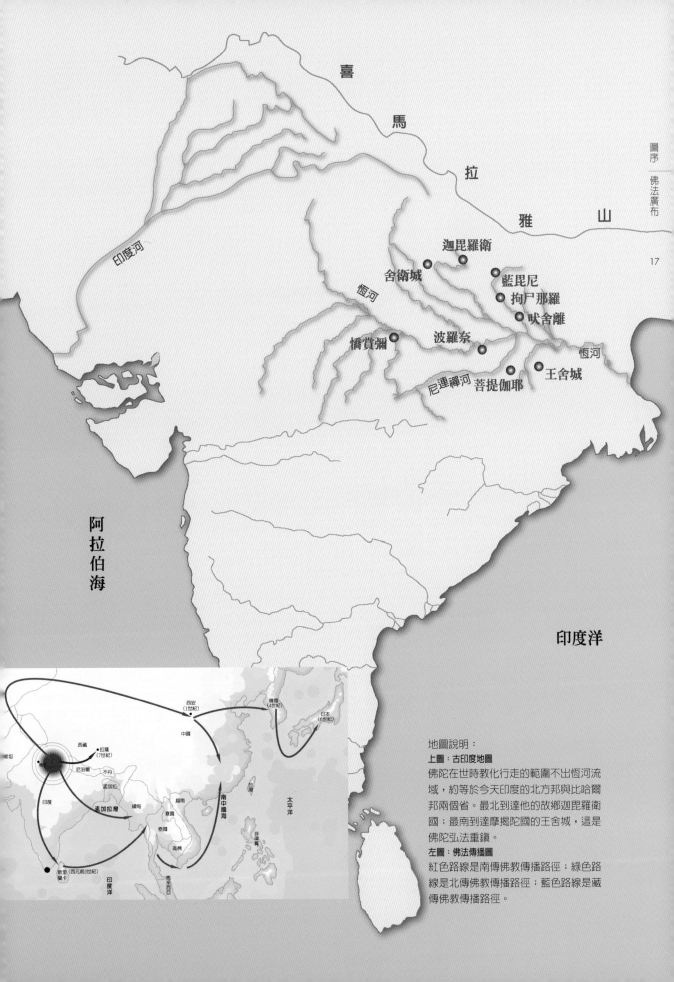

喜

馬

拉

雅　　山

印度河

迦毘羅衛

舍衛城

藍毘尼
拘尸那羅

吠舍離

恆河

憍賞彌

波羅奈

恆河

尼連禪河　菩提伽耶　王舍城

阿
拉
伯
海

印度洋

地圖說明：

上圖：古印度地圖

佛陀在世時教化行走的範圍不出恆河流
域，約等於今天印度的北方邦與比哈爾
邦兩個省。最北到達他的故鄉迦毘羅衛
國；最南到達摩揭陀國的王舍城，這是
佛陀弘法重鎮。

左圖：佛法傳播圖

紅色路線是南傳佛教傳播路徑；綠色路
線是北傳佛教傳播路徑；藍色路線是藏
傳佛教傳播路徑。

檔案篇
認識釋迦牟尼的
60種途徑

釋迦牟尼是誰？

佛名爲覺，於一切無明睡眠中最初覺故，名爲覺。──《大智度論》卷第二

　　大約在二千五百年前，東方的印度誕生了釋迦牟尼，人們稱呼他爲「佛陀」。對人類文明來說，釋迦牟尼是傑出的思想家，與中國的孔子、希臘的蘇格拉底、基督教的耶穌，並稱爲「四大聖哲」。對宗教發展而言，釋迦牟尼是偉大的宗教家，他所開創的佛教，與回教、基督教並稱爲世界三大宗教，是其中最古老的宗教。

▌歷史上的佛陀

　　釋迦牟尼，這位歷史上的佛陀，與世間眾生一樣，走過生、老、病、死的每個人生歷程，所不同的是他勇於超越現況，探究生命，並用一生的時間驗證、宣說他所究竟的眞理。今天世人所熟悉的四聖諦、三法印、八正道……便是他在這世間向眾生一一宣說的解脫道。

　　「佛陀」(Buddha)這個字的根本解釋「覺悟的人」，是了悟生命的人。對世間眾生而言，釋迦牟尼樹立了一個人間覺者的典範。從世間倫理到智慧眞理的實踐，他都是最好的榜樣。他不但自求解脫，還要幫助一切眾生解脫，是行菩薩道的人間示現。

▌佛法的使者

　　在南傳佛教裡，釋迦牟尼是人間佛陀，也是佛法的傳播者。佛陀在世時曾說，他所傳的法並不是自己想出來的，也不是別人想出來的，無論佛陀生在這世間或不曾生在這世間，這法是長存的，只不過透過了佛陀親證而傳遞給世人。

　　在北傳佛教註裡，釋迦牟尼是無邊無量的佛，是十方諸佛之一。爲了度化眾生，釋迦牟尼親自化現來到娑婆世間，傳遞佛法，也帶來諸佛菩薩的訊息。因爲，在大乘信仰中，無窮宇宙有無窮的世界，有無窮的佛菩薩，其中有許多佛菩薩與我們這個娑婆世界的眾生特別有緣，像是阿彌陀佛、藥師佛、彌勒佛以及觀音、文殊、普賢菩薩等等，他們都透過釋迦牟尼而得以向娑婆世界開展，讓眾生能夠親近莊嚴的佛菩薩世界。

　　人們認識佛法以釋迦牟尼爲起始，到底他所證悟的智慧是什麼？所傳遞的佛法爲何？在人間示現的菩薩道又是如何？讓我們回到歷史軌跡一一探究。

雲崗大佛 北魏（386-534）
中國山西雲崗石窟的釋迦佛，雄偉渾厚，雙耳垂肩，面露微笑，造型顯見受印度和西域風格的影響。(吳進生攝)

註　關於南傳佛教、北傳佛教，可詳見第48檔案「佛陀領悟的法後來傳播到哪裡去了？」

世人如何稱呼釋迦牟尼？

在歷史上，人們對於景仰的佛陀有許多稱呼，有時是為了表達尊敬，有時是為了表明他的身份來歷：

瞿曇/喬達摩：佛陀的本姓是「瞿曇」(Gotama)，或譯為「喬答(達)摩」、「高大摩」。佛陀在世傳法時，當時的教外人士大多稱他為「沙門瞿曇」，也就是「出家人瞿曇」的意思。

悉達多太子：佛陀出生後，他的父親淨飯王為他取名為「悉達多」(Siddhattha)，意思是「一切都能成就」。所以，在佛陀出家之前，一般都稱他為「悉達多太子」。

菩薩：未成佛之前的悉達多太子，稱為菩薩，梵文Bodhisattva，意思是「具有覺悟的本質」。菩薩一詞原只指稱悉達多太子，後來到了大乘佛教，菩薩泛指一切追求覺悟的人。

釋迦牟尼：至於我們常稱的「釋迦牟尼」(Sakya-muni)，是一種尊稱。「釋迦」指的是佛陀的祖國迦毘羅衛國，由釋迦族組成，「牟尼」是聖人的意思，所以「釋迦牟尼」就表示「釋迦族的聖人」，意為能仁、能忍、能寂、寂默。

世尊：原為婆羅門教對長者的尊稱，意為世界上最尊貴者，佛教用來尊稱釋迦牟尼。

釋尊：意指釋迦牟尼世尊的簡稱。

佛陀：悟道成佛後的悉達多太子，我們稱他為「佛陀」(Buddha)，又譯作浮陀、浮屠，意思是「覺者」、「知者」。目前世界各國都以「佛陀」來稱呼釋迦牟尼。但在大乘佛教裡，佛陀是廣義的稱法，諸佛都可以稱為佛陀。

佛：對於小乘佛教而言，「佛」是專用於對釋迦牟尼的尊稱；而到大乘佛教時，「佛」被用來泛指一切覺行圓滿的修行人，所以有十方三世諸佛的概念。

如來：如來，是指從真理而來、並開示真理的人。最常被人們所呼喚的是如來佛、釋迦如來。在佛教中，狹義的如來指釋迦牟尼，廣義的如來指一切佛，如藥師如來、彌陀如來等等。

佛祖：中國民間對釋迦牟尼佛的親切稱法。

鎏金彩繪石雕釋迦立佛 北齊(約5世紀) 山東青州
釋迦佛立於蓮花座上，右手持無畏印，左手持與願印，身穿袈裟，通體鎏金彩繪。（王露攝）

檔案 3
「如來十號」與佛陀有何關係？

又彼沙門瞿曇如是色貌名稱，真實功德，天、人讚歎，聞于八方，為如來、應、等正覺、明行足、善逝、世間解、無上士、調御丈夫、天人師、佛、世尊，於諸世間、諸天、魔、梵、沙門、婆羅門中，大智能自證知：我生已盡，梵行已立，所作已作，自知不受後有。

——《雜阿含經》卷第二·第53經

在原始經典《雜阿含經》卷第二，對於釋迦牟尼有所謂「如來十號」的稱號，這十個名號是對佛陀所具有的特殊屬性的尊稱：

稱號	說明
如來	在佛教中，真實不變的永恆真理，稱之為「真如」；而佛陀是體悟的聖人，所以稱為「如來」。 後來，「如來」一詞又衍生為諸佛菩薩的通稱。
應供	「應供」也譯為「阿羅漢」，這是指佛陀已經斷除了一切的煩惱，所以可以廣受人們的尊敬，也可以接受大家的供養。 「阿羅漢」同時也是指僧人們修行到成佛之前的一個最高境界。
正遍知	能夠正確而且普遍地體悟世間一切道理的人，可以稱為「無上正遍知」，也就是經典常說的「阿耨多羅三藐三菩提」。
明行足	「明行足」指兼備智慧與正行的人。「明」表示斷除無明，擁有正確的智慧；「行」是指戒、定、慧等正確的修行方法。
善逝	根據《大智度論》中的記載，「善逝」有兩種意義：一是「善去」，就是佛陀善於進入到種種的禪定和智慧之中；二是「善說」，指佛陀善於解說真理和法相，讓不同程度的人都能夠了解。
世間解	能夠理解世事的人。
無上士	世間最出類拔萃的人，無人可以比擬。
調御丈夫	善於因材施教，教化一切眾生的調御師。
天人師	指佛陀是天界和人界的大導師。
佛、世尊	獲得真正安樂的開悟者，世間的至尊者。

金銅佛坐像 14世紀
西藏或尼泊爾
坐佛採跏趺坐於蓮花台上，雙手持禪定印，面容安詳。

註　如來十號最早是稱呼釋迦牟尼，後來，在北傳佛教裡，如來十號並非專指釋迦牟尼佛，也用來稱呼諸佛。

什麼是佛？釋迦牟尼是佛教諸佛之一？

> 佛見過去世，如是見未來，亦見現在世，一切行起滅。明知所了知，所應修已修，應斷悉已斷，是故名爲佛。——《雜阿含經》卷第四·第100經偈語

斯里蘭卡 Buduruvagala 大佛
這是斯里蘭卡最大立佛，直接由山壁鑿出，雄偉壯觀。（黃丁盛攝）

什麼是「佛」？在佛教的解釋裡，「佛」(Buddha)是「覺悟的人」的意思。這個「覺悟」包括了三層含義：自己覺悟、幫助他人覺悟，以及在助人的同時，自己又有所覺悟，如此反覆循環，直到最高的境界——「覺行圓滿」。因此，能夠達到這個最高境界就是「佛」。

在《雜阿含經》卷第四中說到，有一次，佛陀在舍衛城祇樹給孤獨園時，有一個外道婆羅門前來見佛陀，他問佛陀：「什麼是佛？」佛陀就用了上面這首詩偈回答他，意思是說：「佛」就是已經了徹過去、現在和未來所發生的一切事情，看清楚一切行爲造業之間的因果關係，而斷除一切煩惱的人。

在人類歷史上，釋迦牟尼是真實存在的佛陀；而在佛教信仰裡，釋迦牟尼是無邊無量的佛，他是十方諸佛之一，是「過去七佛」之一，也是「三世佛」、「三身佛」當中的一位。

佛教諸佛

在南傳佛教信仰中的諸佛，只談過去七佛與未來佛彌勒佛；而在北傳佛教信仰中，十方三世有諸佛，一般人熟悉的諸佛包括過去七佛、三世佛、三身佛等等。

●過去七佛

《長阿含經》卷第一提到，有所謂的「過去七佛」，佛教認為過去共有七佛，釋迦牟尼佛是最後一位佛。這七位過去佛被看成是佛教歷代祖師，其中只有釋迦牟尼佛是存在人類歷史中的真實人物。

過去七佛
- 1 毘婆尸佛
- 2 尸棄佛
- 3 毘舍婆佛
- 4 拘樓孫佛
- 5 拘那含佛
- 6 迦葉佛
- 7 釋迦牟尼佛

過去七佛 **7-8 世紀**
印度伊洛拉(Ellora)石窟
(鄭永華攝)

●三世佛

佛教裡的「三世佛」有兩種說法。

【豎三世佛】：以時間來說，有過去佛、現在佛和未來佛：

時間	佛名
現在佛	釋迦牟尼(歷史上的佛陀)
過去佛	燃燈佛(另一個說法認為過去佛是指「過去七佛」中的第六佛——迦葉佛。)
未來佛	彌勒佛(彌勒佛曾是釋迦牟尼的弟子，由釋迦牟尼預言未來將會成佛。)

【橫三世佛】：以空間來說，十方空間也有許多佛，「三世佛」指宇宙世界的三位教主：

空間	佛名
東方淨琉璃世界	藥師佛(又稱藥師琉璃光如來，發願要除一切眾生眾病，令身心安樂。)
娑婆世界	釋迦牟尼佛(娑婆世界指的是現實世界，釋迦牟尼佛來世間教化眾生。)
西方極樂世界	阿彌陀佛(接引眾生往生到極樂世界。)

●三身佛

在後來的大乘佛教，「佛」的概念更為廣泛、深奧，依佛的特質而加以區分，有「三身佛」的說法：

名稱	實體具像化	意義
法身佛	毗盧遮那佛	佛法的人格化，所以法身佛是永遠不滅、永遠存在的。
報身佛	盧舍那佛	以法身佛為基礎，經過艱苦修習，獲得無上智慧所顯示的圓滿佛身。
應身佛	釋迦牟尼佛	應身又稱為「化身」，指佛為了度化眾生，變現出來的佛身。

釋迦牟尼也曾經是一個菩薩？

前面這位長髮苦行者，將在很久以後出世成佛，名叫喬達摩(瞿曇)，在世間度化眾生。——南傳《佛種姓》

對於接受善惡果報與輪迴觀念(詳見第37檔案)的佛教徒來說，釋迦牟尼——這位歷史上的佛陀，在悟得生命究竟之前，是個累世修行、追求成道的菩薩(Bodhisattva)。他的一生歷經了許多次輪迴，才從菩薩到達成佛的境界。

最有名的故事是「燃燈佛授記」。所謂「授記」，用現代話解釋就是「預言」的意思。傳說，在渺不可及的過去世中，曾經出現二十四尊佛，燃燈佛便是這二十四尊佛的首位。當燃燈佛在世時，有一名叫「善慧」(Sumedha)的婆羅門，為了究竟生命，過著苦行的生活。有一回，他聽說燃燈佛來到城裡，便決定前去請教成佛之道。當善慧遠遠見到散發出金光莊嚴相的燃燈佛，頓時萬分虔敬。為了使燃燈佛行走時不被泥污弄髒雙腳，善慧於是趴在泥地上，將一頭長髮鋪在泥地上，讓燃燈佛踏過。善慧這時發了心願：「燃燈佛是真正覺悟的人，他的法船可以將人們由生死苦海中解脫到不生不死的安詳之地，我也

佛陀的本生故事

按《佛種姓》與《本生經》的記載，釋迦牟尼總共歷經了五百四十七個傳奇的前生，不管轉生為人類、動物或天神，每一個本生故事都為了徹底實踐菩薩美德。有名的本生故事像是〈九色鹿〉、〈尸毘王割肉救鴿〉、〈須大拏太子本生〉等等。這些故事很受歡迎，成為佛教藝術經常表現的題材。

●九色鹿本生

據說，佛陀在前世曾經投胎為一頭九色鹿，牠身上的毛色有九種不同的顏色，燦爛動人。

有一天，九色鹿在森林中遇到一個溺水的人，牠見那個人在水中大呼救命，眼看就快要淹死了，所以跳下河去把他救上來。那個人上岸之後，不斷向九色鹿叩頭謝恩；九色鹿說：「你不必謝我，只要不告訴其他人我的行蹤就可以了！」於是那個人滿口答應著離開了。

那時在王宮裡，王妃忽然夢到了一頭九色鹿，非常喜歡，就假裝裝生病，向國王說：「除非我能得到那隻九色鹿的皮來做件外套，否則我的病是不會好的。」所以，國王就昭告天下，若有人能獻上九色鹿，就給他享不盡的榮華富貴。那個被九色鹿救過人竟然去向國王告密。

一定要成佛，乘佛法船，度盡世間人。」

　　燃燈佛了然這一切，便在這時，指著善慧，預言說：「前面這位長髮苦行者，將在很久以後出世成佛，名叫喬達摩(瞿曇)，在世間度化眾生。」從此，善慧更努力精進，修行菩薩所應具備的十種重要美德，包括犧牲、出離、精進、慈、決定、忍、戒、靜、真諦、智慧，這也就是佛教所說的「十種波羅蜜(paramita)」。從此，善慧——這位未來的佛陀開始了他綿長的菩薩道路。他時而轉生為王，時而轉生為婆羅門，甚至是龍王、夜叉、獅子等動物，歷經了五百四十七世，最後才降生為喬達摩而成佛。

燃燈佛授記浮雕 2世紀
大英博物館藏
浮雕局部毀損，但仍清晰可見一穿著袈裟的站立者，應是燃燈佛；而趴在地上、長髮鋪地，讓燃燈佛走過的，就是一心想成佛的善慧，這是釋迦牟尼的前世故事。(吳進生攝)

當國王抓到九色鹿時，九色鹿對國王說：「我曾經救過向你告密的那個人，結果他卻恩將仇報來傷害我；如果一個人可以這樣反覆無情，那豈不是像水中的浮木一般了嗎？」

　　國王聽了九色鹿的話，覺得很慚愧，都是他沒有教養好自己的子民；於是就下令，從今以後若有任何人敢再傷害九色鹿，將遭到誅九族的重刑。

●尸毘王餵鷹救鴿本生

　　佛陀在前世之中，曾經為一國之君，名叫尸毘王。

　　有一天，突然有一隻鴿子急急忙忙地飛到尸毘王面前，慌張地躲在他的臂彎裡，後面跟著一隻兇猛的老鷹疾馳追來。老鷹對尸毘王說：「你手中正好拿著我的食物，請把牠還給我吧！」尸毘王不忍地說：「如今這隻鴿子既然來投靠我，我怎麼忍心再讓牠去送死呢？」老鷹說：「那麼，難道你就忍心看我因為沒有食物而餓死嗎？」尸毘王說：「也許我可以給你其他的肉吃？」老鷹回答：「除非你有活生生、新鮮的肉可以給我吃！」於是，尸毘王就說：「那麼，我割下我的肉給你吃吧！」老鷹說：「可以，不過你必須割下和鴿子同樣重量的肉才行。」因此，尸毘王就開始割下自己的肉放在天平上秤。眼看著尸毘王已經把自己割得血肉模糊了，天平仍然沒有任何動靜。最後，尸毘王竟然整個人跳上天平的另一端，剎那間，天地震動，天平、鴿子和老鷹都消失無蹤；原來，鴿子和老鷹是毘首羯摩天和帝釋天所化現的，特地前來試探尸毘王向善的虔心。

左頁圖：九色鹿本生 北魏 敦煌莫高窟第258窟
此三連圖依序看左圖、右圖、中圖。左圖：左下端是九色鹿救溺水人，中間是溺水人向九色鹿跪地明誓。右圖：溺水人向國王皇后密告九色鹿的蹤跡。中圖：國王抓到九色鹿，與鹿對話。

下圖：尸毘王本生 2世紀 大英博物館藏
畫面左邊尸毘王端坐，一侍者正在割下他的肉；中央的侍者手持秤子正在秤肉的重量，此侍者的頭上原雕有老鷹，已毀損；右邊的兩人分別是前來試探的帝釋天和毘首羯摩天。(吳進生攝)

傳說釋迦牟尼是白象入胎、右脅誕生，來到世間？

對現代人而言，「右脅誕生」是神話故事，歷來許多學者也曾就這個故事給予許多不同的解釋，比如悉達多太子可能是剖腹出生的早產兒等等。究竟為什麼佛傳中會出現這樣的傳說呢？

從印度的古文獻中可以看到，印度人深信自己是大梵天所創造的，但梵天所創造的人，因出生部位的差異而有四姓的差別，例如：從梵天的口出生的是婆羅門(司祭者)；從胸腔、脅下出生的是剎帝利(武士、王族)；從腹腔出生的是吠舍(一般庶民)；從膝蓋出生的是首陀羅(奴隸)。這種梵天的創造說及四姓階級的分別，至今仍為印度人民所深信。

傳說中悉達多太子從右脅而生，只是在表明他是剎帝利──王族，是屬於統治階級。只因我們無法瞭解這一層歷史文化的背景，或因聖化佛陀的偉大，反而把信仰與實際混淆在一起，以致引起懷疑與誤會了。

夫人見彼園中，有一大樹，名曰無憂，花色香鮮，枝葉分布，極為茂盛，即舉右手，欲牽摘之，菩薩漸漸從右脅出。──《過去現在因果經》卷第一

關於釋迦牟尼的誕生有許多傳奇故事，其中，「白象入胎」、「右脅誕生」的傳說相當膾炙人口。

▌白象入胎

白象入胎的故事是這麼說的：

釋迦牟尼在這一世降生為人之前，已經是修行多世的菩薩，最後一次轉生到兜率天(Tusita)[註1]。那時，菩薩降生人間的時機到了，菩薩在天上經由查訪，決定降生在釋迦族淨飯王的國家，於是便乘著六牙白象騰空而下，進入王后摩耶夫人的腹中。

當晚，王后摩耶夫人在睡夢中，看見一頭白象從右掖下進入自己身體，頓時身心舒暢，像是喝了天上的甘露一般，喜樂無比。由於淨飯王與摩耶王后並無子嗣，又行禁欲，因此菩薩入胎是純淨的。

▌右脅誕生

皇后摩耶夫人懷胎十月後，在迦毘羅衛國與拘利國鄰接的藍毘尼(Lumbini，今尼泊爾南部波陀利耶村的羅美德寺院處)裡，生下了悉達多太子，也就是釋迦牟尼。

這藍毘尼可不是淨飯王的御花園，而是荒郊野外的一處林子。依照古印度習俗，懷孕婦女必須回到娘家生產，因此，摩耶夫人在臨盆前，啟程回娘家拘利國的天臂城待產。一行人途中經過藍毘尼時，驚動了胎氣，摩耶夫人就在園子裡的無憂樹[註2]下生了太子。這就是「右脅誕生」的由來。這幅動人的畫面成為佛教文化中最重要的意象，開啟了佛陀一生的傳奇，也開展出佛教文明的燦爛光芒。

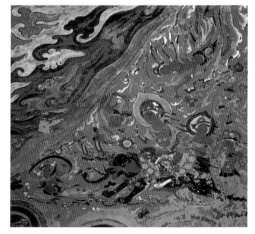

乘象入胎 隋代（581-618）
敦煌莫高窟第 397 窟壁畫
此圖表現菩薩乘象，飛奔到人世的景象。

▋仙人看相

太子誕生後，淨飯王請來有名的占相師為太子看相。占相師說：「太子具有偉人相，將來如果掌理國政，必能成為『轉輪聖王』；如果出家做一個宗教家，必能成為佛陀。」淨飯王聽了歡喜難喻，便為太子取名「悉達多」(Siddhattha)，意思是「一切事都能成就」。

當時最有名的五通仙人阿私陀，也來為太子看相。沒想到阿私陀看見了太子，竟然哭了起來：「這個孩子長大之後，必定會出家成佛，而我已老得不久於人世，是沒有這個福氣能夠親近佛陀了。」這預言讓淨飯王很憂慮，儘管想要否認阿私陀仙人的預言，盼望悉達多太子有朝一日成為轉輪聖王，但終究，悉達多太子還是如仙人所言，出家成佛了。

註1 兜率天：又名「知足天」，是天界寧靜、喜悅之神居住的地方，按照慣例，所有菩薩在最後一次降生人世前，必須先到兜率天。據經文所載，人間 400 年相當於兜率天的一日，而神在該天的壽命，是該天的 4000 年。

註2 無憂樹：原名稱作「波羅叉樹」，屬豆科小喬木，高約六～十公尺。今多分布於印度、緬甸、馬來西亞地區。由於佛陀是在藍毘尼園的波羅叉樹下平安誕生，因此稱為無憂樹。在印度，常被視為吉瑞的徵象。

◎相關經典：
修行本起經卷上・菩薩降身品第二 / 佛本行集經卷第七・俯降王宮品第五、樹下誕生品第六上 / 普曜經卷第二・降神處胎品第四、欲生時三十二瑞品第五 / 佛所行讚卷第一・生品第一 / 中阿含經卷第八・未曾有法品未曾有法經第一

佛陀誕生浮雕 3世紀
世界宗教博物館藏
此浮雕描述摩耶夫人在無憂樹下，手攀樹枝，從右脅生下了釋迦牟尼，一位侍者用雙手接住嬰兒，另有二位侍女各站一旁。

釋迦牟尼誕生後，
說了哪句驚天動地的話？

此即是我最後生身，天上天下唯我獨尊。

——《根本說一切有部毗奈耶雜事》卷第二十‧第六門總攝頌曰

這句話赫赫有名，是釋迦牟尼的誕生偈。誕生偈的故事由來是這樣：悉達多太子在藍毘尼園的無憂樹下誕生後，並不需要人攙扶，便向東、南、西、北四方各走了七步，走過之路，大地分別湧出七朵金色蓮花，太子站在蓮花上，一手指天，一手指地，說：「天上天下，唯我獨尊。」當時天上飄落香花，還有九龍吐水為太子沐浴。

誕生偈的另一版本是記載在《過去現在因果經》卷第一：「我於一切天人之中最尊最勝。無量生死，於今盡矣。此生利益一切人天。」另外，在後世的佛傳經典《修行本起經卷上‧降身品第二》與《佛本行集經卷第八‧樹下誕生品下》，也詳細記載釋迦佛誕生的傳說，但這樣的傳說在《阿含經》等原始經典中並無記載。

不過，我們卻發現，原始經典註《中阿含經卷第五十六‧晡利多品羅摩經第三》記載另一則故事，出現「我最上最勝」這句話，這是在釋迦牟尼剛得道後，往波羅奈途中，碰到一個異教徒青年所說的話。故事是這樣說：

佛陀遇見一位外教青年，名叫優波迦，他見佛陀安詳清高，有一股異於常人的神聖威嚴，就問：「你是跟誰出家？老師是誰？」釋尊回答：「我是一切勝者、一切知者，自己開悟而得到解脫，所以，我沒有老師，人世間沒有像我這樣的人，我是天上地下最尊、最上者。」當時優波迦並不了解佛陀所說的話，不過據說他後來也成為佛陀的弟子。

這兩則故事有異曲同工之妙，都可算是佛陀向世人所做的宣告表白，只不過故事的時間不同，一個

佛陀誕生壁畫
印度鹿野苑大覺寺

釋迦牟尼誕生時能行走七步，步步湧現蓮花來承接他的雙足。
(吳進生攝)

在誕生時，一個在初得道後。

「天上地下唯我獨尊」的「我」是指什麼呢？有三個說法：

(一)這個「我」並不是指悉達多太子，而是指人人本具的佛性。

(二)佛陀並沒有指「自己」，而是指著「天」跟「地」而說，所以，「我」是指「眞理」，也就是宇宙意識、無窮盡的大我、無限的我。

(三)佛陀揭櫫「天上天下唯我獨尊」，是對印度階級制度的反省。因印度人深信「梵天創造說」，以爲一切命運，不論吉凶禍福都已註定好，在宿命中，聽任神的安排。因此，這句話是他對傳統「神權」高於一切的抗議，目的在傳達：生命的尊嚴不在命定，不在神權，而在於人可以透過自己的努力，淨化身心、美化人生。因此，「我」指的是人本身。

註　原始經典：從佛教發展史來說，佛陀在世到佛入滅後 100 年期間爲原始佛教，而原始佛教時期所結集的經典就是原始經典。可詳見第 59 檔案「哪些經典最貼近釋迦牟尼在世的身教言行？」

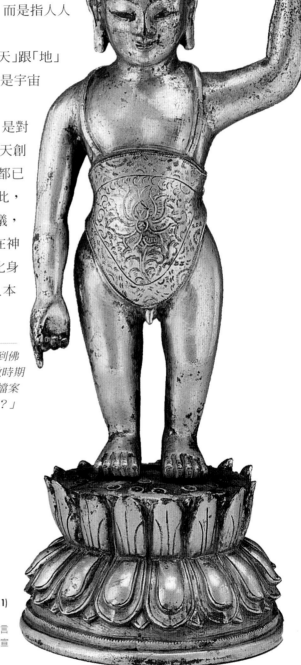

誕生佛立像 清代(1644-1911)
震旦文教基金會收藏
傳說釋迦牟尼一誕生便能言語，他的第一句話是向世間宣告：天上地下唯我獨尊。

釋迦牟尼的國籍與出生地在哪裡？

釋迦牟尼是大約西元前6世紀降生在古印度迦毘羅衛國(Kapilavastu)的悉達多太子。

迦毘羅衛國是位在雪山——也就是喜馬拉雅山南麓下的一個小國家，它的位置就在現今印度東北邊境與尼泊爾交界處。

當時的印度是群雄分裂的局面，有十六個大國互爭勢力，戰爭不斷，宛如中國的春秋戰國時代。在十六大國之中，以北方的憍薩羅國和南方的摩揭陀國兩國的勢力最強大，兩個國家依著恆河兩邊互相對峙著。悉達多太子的祖國迦毘羅衛國只不過是憍薩羅國的附屬小國。

迦毘羅衛國由許多個氏族組成，釋迦牟尼的父親淨飯王是其中釋迦族的首領，被推舉出來，領導著迦毘羅衛國。據考據，迦毘羅衛國的面積只有320平方公里，還不及一個台北縣大。境內有十個城邦，八萬戶人家，五十萬人口，在釋迦牟尼少年時代，迦毘羅衛國還算是一個政治偏安、民生安定富饒的國家。

菩薩像石雕 印度 約 **2-3** 世紀
震旦文教基金會藏
釋迦牟尼出家求道前是古印度小
國的王子，他的父王曾期待他將
來能成為英明的國君。

▌迦毘羅衛國在哪裡？

佛陀的故鄉迦毘羅衛國的正確位置到底在哪裡？至今尚未能確定，一般有兩種推測：

第一種推測認為，今尼泊爾南部的提羅拉科特(Tilaurakot)就是迦毘羅衛，它距相傳釋迦牟尼誕生地藍毘尼不遠。印度考古學家根據玄奘的記載，以1895年在尼泊爾泰雷地區發現的阿育王拘那舍牟尼佛石柱，以及1896年在藍毘尼發現的阿育王石柱為線索，於1899年在提羅拉科特試掘後認定的。近年來，發掘工作又發現了一些城壘和佛教遺址、文物，但仍不能完全確證該地就是迦毘羅衛古城。

第二種推測認為，迦毘羅衛的遺址應在今印度東北部，距尼泊爾邊境1公里處的庇浦拉瓦(Piprawa)。1898年，英人佩普(W.C. Peppe)曾在此地一佛塔中發現一個石製的舍利壺，上有婆羅跡字體的銘文：「這是釋迦族的佛世尊的遺骨容器，是有名譽的兄弟及姐妹、妻子們(奉祀)的。」不少學者認為這可能就是在佛陀過世後，「八分舍利」時釋迦族分得的那一份。(可詳見第30檔案有關舍利爭奪戰的記載)

印度迦毘羅衛城遺跡 (吳進生攝)

檔案 9

釋迦牟尼在什麼樣的文化與宗教背景中成長？

為了繁衍人類，祂從口、臂、腿、足，生出了婆羅門、剎帝利、吠舍和首陀羅。」──《摩奴法典》1-34

佛陀時代的印度是一個「種姓社會」，有著嚴密的階級劃分；當時的印度人大部分信仰「婆羅門教」，這兩項文化特質都是由外來的雅利安[註]民族入侵印度以後，逐漸建立的。

▌種姓制度

「種姓」的梵語是「Varna」，原意是「顏色」或「品質」，一開始只指涉雅利安人，用來區分與當地土著達羅毗荼人的差別，後來卻慢慢地演變成四種不同的社會階級，社會上的每個人都會被歸類於某一階級，有固定的地位與職業，永無改變的可能：

1.婆羅門(Brahmans)：是社會最上層階級，被尊為地上的神，是神的代言人。婆羅門是純種的雅利安人，世襲的，可娶妻生子，掌管祭祀、教育、文化，有解釋經典的大權。他們的職業可能是王師、大臣，或是教師、地主等等。

2.剎帝利(Kshatriyas)：掌握政治權的王族或武士階級，受教並侍奉於婆羅門。釋迦族的悉達多太子屬於剎帝利階級。

3.吠舍(Vaisyas)：從事農、工、商業的一般庶民，受王族或武士支配與保護。剎帝利和吠舍階級通常是混種的雅利安人。

4.首陀羅(Shudras)：即奴隸、賤民，被視為失去人格及人權的最下等階層，不允許信仰吠陀宗教。被雅利安人所征服的原住民達羅毗荼族被歸在這個階級。

四大階級中，前三個階級有誦經祭祀的權利，死後可以

菩薩立像 加爾各答博物館收藏
早期印度人的心目中，認為釋迦牟尼是尊貴王子的形象，服飾華麗，身上穿戴許多珠玉瓔珞。(林許文二攝)

雅利安人與印度文明

現今大家所熟悉的印度文明，是由雅利安人(Aryan)所創建的。在此之前，印度原是青銅器文明，稱為「哈拉巴(Harappa)文化」，這是由土著民族達羅毘荼族(Dravidians)所創造，盛行在印度河流域。

雅利安人，原是在中亞的白種人，約在西元前三、四千年間，分別向東、西方移動。向西者進入歐洲，成為歐洲人的祖先；向東者到達波斯，後來一部分更向東南，進入印度。

西元前1500年，雅利安人越過興都庫什山，進入印度西北部的五河地區(亦即今天的旁遮普 Panjab)。五河地區最大的河流就是印度河，雅利安人初到此地，見河勢壯闊，稱之為「信度」(Sindhu)，是大水或海的意思。後來由 Sindhu 轉為 India，逐漸變成為印度全境的名稱。雅利安人勇悍好戰，侵入肥沃的五河地區後，征服了土著，建立了許多國家。

到了西元前1000年左右，雅利安人的統治觸角向東南方延伸，逐漸由鹽牟那河(Yamuna)到達恆河平原。雅利安人所創建的印度文明，最具影響力的就是「種姓制度」以及「婆羅門信仰」，這兩者形成了印度文明的主體，即使在今日，印度民族仍深受影響。

再投生於世，因此又稱為「再生族」；而非雅利安人的首陀羅族，不能誦經祭祀，也不可以轉世投生，稱為「一生族」。

▌婆羅門教

婆羅門教(Brahmanism)，是西元前1500年，雅利安人從中亞進入印度之後，居住在印度河流域而產生的宗教。由於婆羅門是世襲的祭司階級，在宗教上有無上的地位，因此稱為婆羅門教。傳統婆羅門教信仰以口傳聖典《吠陀》(Veda)為依據。「吠陀」意為祭祀的讚歌，含藏永恆真理，共有四部，分別是《梨俱吠陀》、《娑摩吠陀》、《夜柔吠陀》以及《阿闥婆吠陀》。《梨俱吠陀》形成於西元前1200年左右，年代最久遠。

在吠陀信仰中，梵生諸神，梵是宇宙本源，梵是宇宙之主。他們也崇拜許多自然的男神與女神，如魯陀羅(Rudra)和因陀羅(Indra)。由此而衍生後來的大梵天(Brahma)、毘濕奴(Vishni)和濕婆(Shiva)，並稱為維持宇宙生滅運轉的三大主神。

傳統婆羅門教有三個信仰綱領：

1.吠陀天啟：古代傳下來的讚歌是神的啟示。

2.婆羅門至上：在神的啟示裡，婆羅門是至上階層。

3.祭祀萬能：神與人的關係必須依賴祭祀，因此，祭祀是婆羅門信徒最重要的事。靠著獻祭，以及供物的多寡，人們可以獲得更多的救贖。

婆羅門教歷經多次信仰變革，到了近代，被稱為印度教(Hinduism)。今天，在印度十億人口中仍有八億人以印度教徒自居。

註　雅利安：梵語 Aryan，含有神聖的或高貴的意思，意指白膚色的雅利安人是品質高貴的人，而深膚色的達羅毘荼族和其他土著，都是品質低賤的種族。

左上圖：
西元前1500年，中亞的雅利安人進入印度西北的五河地區，再逐步由鹽牟那河推進到恆河流域，建立了往後的印度文明。

右頁圖：
印度菩提伽耶的佛陀坐像
佛陀身著袈裟，偏袒右肩，雙目微垂，右手持降魔印，雙腿盤坐於金剛座上，是印度典型的佛陀姿態。座的下方刻繪了三個膜拜者。(吳進生攝)

與佛陀同時的沙門集團還有所謂的「六師外道」，他們信仰什麼？

> 剃除頭髮、指甲和鬚，僅帶食缽、手杖和水瓶，專一精勤，四處遊行，避免傷害任何生命。——《摩奴法典》6-52，對古代印度修行人的描述

　　僅管印度一直處在種姓制度與婆羅門信仰的嚴厲束縛下，不過，在釋迦牟尼當時的社會卻起了很多變化，產生許多新階級、新思潮。其中，引領當時社會風騷的思想流派便是「六師外道註」，他們的思想前衛開放，強調個人的追求與體驗，吸引很多人追隨。

20世紀末的印度苦行者，和二千五百年佛陀時代的苦行者一樣。（吳進生攝）

▍沙門與比丘

　　當時社會上出現了許多出家人(或修行人)，他們稱為「沙門」(sramana)、「比丘」或「雲遊者」。比丘的意思是乞食者，即托缽乞食的人。他們放下俗世累務，隱向山林，專心修行，想從自身的體驗中，徹悟宇宙的真理，解除人生苦惱。人們尊敬這樣的修行者，供給衣食，使得他們沒有生活之憂，能夠一心修行。

　　沙門的盛行風氣到了後來，出現了好多位領導許多弟子與信徒的大沙門，各自成為教團，以他們自己所體悟的道理，教導弟子。事實上，釋迦牟尼所引導的教團正是當時的沙門集團之一，釋迦牟尼被稱為「沙門悉達多」。

▍六師外道

　　佛陀時代的沙門集團以「六師外道」名氣最大，引領當時的社會思潮。《雜阿含經》卷第四十三提及，他們是：

　　1.富蘭那迦葉 Purana Kassapa：無道德論者，否認善惡和業報。

　　2.阿夷多翅舍欽婆羅 Ajita Kesakambali：徹底的唯物論者，否定因果、業報輪迴論與靈魂的存在。

　　3.婆浮陀伽旃延 Pakudha Kaccayana：唯物論者、無因論者，主張心物永不消滅。他說，一切眾生，身有七分，即地、水、火、風、樂、苦、壽命等七原素，此七原素是恆常不變存在的。

　　4.末伽梨拘舍梨 Makkhali Gosala：宿命論者，認為世間無因果業報，人生苦樂全由命定，而不是努力或懈怠的結果。這種謬論，佛陀批評它是用人髮織成的衣服，夏不吸汗，冬不保暖，毫無用處，卻給

社會帶來迷惑與不安。這一派在當時又被稱爲「邪命派」。

以上四種外道，全是否定因果，否定業報輪迴，更否定善惡。破壞社會道德秩序竟能受到人們擁護，也算是對當時社會階級制度的一種抗議吧。

5.散若耶毘羅胝子 Sanjaya Belatthiputta：懷疑論者、詭辯派，主張不可知論，否定認知有普遍的正確性。他認爲善行、惡行的果報，可說是有，也可說是無，是既不肯定也不否定的詭辯論者。佛陀的兩大弟子舍利弗和目犍連，就是從這一派思想學說皈依佛法的。

6.尼乾子若提子Nirgrantha Jnatiputra：也就是大雄(或稱馬哈比拉 Mahavira)，他主張有因果業報，以修苦行爲解脫方法。信徒須守五戒：不殺、不盜、不淫、不妄、無所有(財物)。這是當時的耆那教教主，與釋迦牟尼思想接近。

由此可見，當時的思想界極爲開放自由，對於人生問題與宇宙本體的討論，異說紛紜，立論各異。這可說是思想百花爭鳴的時代，也可以說是邪說充斥的時代。後來佛教把當時這些不同的理論歸納起來，有六十二種之多，即所謂「六十二見論」，也就是六十二種謬見。

註　外道(Tirthaka)：或譯爲外教、外學，原意是「神聖而應受尊敬的隱遁者」，意思是苦行者、正說者。泛指佛教以外的一切宗教，是佛教稱其他教派的名詞。最早，這一名稱並不含有貶抑的意義。到了後世，附加上了異見、邪說等意義，就成爲一個含有侮蔑意義的貶稱了。

釋迦牟尼佛坐像 印度 2-3世紀
震旦文教基金會收藏
波浪卷髮、高鼻深目，明顯的西方人面孔特徵，是受到希臘雕刻寫實手法的影響。

耆那教與佛教的比較

在諸多新興思潮中，特別要釐清耆那教與佛教的異同。兩者同時盛行於恆河中游地區，是佛陀時代同受矚目的兩個新宗教思惟。

佛陀在世時，印度社會流行一種極端的唯物論，宣揚及時行樂，嘲笑婆羅門宗教和世間的道德。雖然，迷信神權和祭祀是不正確的，但一味地追求現世的名利物欲，也非幸福之道。為了挽救這兩個走極端的思想危機，當時出現了兩個新興的宗教，就是耆那教(Jainism)和佛教。

●講求苦行的耆那教

耆那教是由大雄(Mahavira，馬哈比拉)所創，生存年代在西元前599-527年，與佛陀同時代。大雄生於印度河流域，屬於印度剎帝利階級，具有王子身份。他在三十歲時出家，成為居無定所的苦行僧。在修苦行十二年後獲得證悟，稱為「耆那」(意為勝利者)。後來，大雄收了十二位弟子，他們將大雄教法彙編成經典，並著手建立教團，以恆河流域為主要傳布發展地區，摩揭陀國的那爛陀城便是耆那教的中心。

耆那教徒相信，每個靈魂都潛具神性，藉由修持戒律就能達到生命目標。特別重視苦行，唯有藉由苦行，靈魂才

左下圖：
印度的耆那教廟 (黃丁盛攝)
左圖：
耆那教教主大雄
印度伊洛拉(Ellora)石窟第32窟
大雄結禪定印坐於金剛獅子座，頭頂有多重華蓋。造型與佛陀無異，很難分辨，最大的差別只在於大雄是裸身無衣。(吳進生攝)

可能從「業」中解脫出來。因此，耆那教的教義核心是五大禁戒：不殺生、不偷盜、不淫行、不妄語、無所有(財物)。而大雄最優秀的十一名弟子中，有九名是因斷食苦行而死亡，因而獲得最高的解脫。耆那教的另一個特色是無論出家或在家信徒，全部是徹底素食主義者，而在家信徒所從事的職業也有所規定。

●耆那教與佛教的差異

仔細比較，會發現耆那教和佛教，在背景與思想上有許多相似之處：

1.大雄與佛陀的誕生年代相近，都在西元前6世紀左右印度新思想蓬勃發展的階段。

2.兩位教主都有傳奇的誕生故事。

3.兩位教主都具有王族階級的王子身份。

4.兩位教主都是反唯物的無神論者。

不過，他們兩者在教法與命運也有許多差異：

1.教法不同：耆那教重視苦行，認為苦行是到達解脫的途徑；佛教則反對苦行，認為使身體受苦並不能真正解脫苦惱。

2.發展不同：佛教在印度，曾遭回教徒徹底破滅；而耆那教在印度歷史上從未斷絕過。不過，佛教雖在印度滅亡，卻在亞洲各地發展成了世界性的一大宗教，而耆那教的信仰勢力仍以印度境內為主。

目前，耆那教以西印度孟買為中心，尚有150萬信徒，大部分從事貿易，是該地經濟勢力的主宰。

為什麼悉達多王子的早年生活並不快樂？

……太子睹茲犁牛疲頓，兼被鞭撻。……復見犁人，被日炙背，裸露赤體，塵土坌身。烏鳥飛來，爭拾蟲食。太子見已，起大憂愁，……起大慈悲，……即復唱言：嗚呼嗚呼，世間眾生，極受諸苦。所謂生老，及以病死，兼復受於種種苦惱，展轉其中，不能得離。——《佛本行集經》卷第十二．〈遊戲觀矚品〉第十二

從某個層面來說，少年的釋迦牟尼是敏感而早熟的，雖生在帝王之家，卻有異於常人的體悟，王宮裡種種的生活觸動，激發他在年少的時候渴望探尋生命的本質。

少年早熟

釋迦牟尼在出生後七天，母親摩耶夫人就去世了，因此，他是由姨母，也就是摩耶夫人的妹妹，同時也是淨飯王的妃子摩訶波闍波提，撫養長大。

由於生來具有喜歡思考的性格，釋迦牟尼對於生母早逝感到憂鬱；他也體悟到當時印度的局勢，在強國環伺下，小小的迦毘羅衛國未來難逃滅亡命運。這在在使年少的太子早熟憂鬱。

傳說，太子在十四、十五歲時，參加迦毘羅衛國的農耕祭時，看到五百隻牛拖犁耕田，翻起土壤中的小蟲，小蟲被小鳥啄食，而小鳥又隨即被兇猛老鷹叼走。他深感自然界與人類世界同樣存在著弱肉強食的殘酷現象，情形令他感到悲哀，甚而經常陷入沉思冥想。

婚姻與家庭

太子這樣的表現，淨飯王非常擔憂，深恐太子終有一天會出家。在他十九歲那年，淨飯王為他迎娶美麗的表妹耶輸陀羅為妃。

耶輸陀羅後來為太子生了一個兒子，這孩子是在太子出家前誕生的，因此取名為「羅睺羅」，意為「障礙」，指來拘絆釋迦牟尼人生的障礙。不過，兒子的出生並未改變釋迦牟尼出家的念頭。後來羅睺羅也沒有繼

釋迦牟尼佛 1世紀
印度阿占塔(Ajanta)石窟
釋迦牟尼在少年時代便對世事變遷有異於常人的體驗，激發他對生命本質的追求。(鄭永華攝)

太子勤學浮雕 2-3世紀
傳說釋迦牟尼七、八歲時便開始
學習吠陀經典與各種梵書，還有
語言、數學、醫術、天文、工藝
等等。浮雕中央坐者是努力學習
的太子，太子右邊和後面的侍
者，一人持劍、一人持缽，太子
右邊的坐者是老師。

承迦毘羅衛國的王位，反而在年紀很小的時候，跟隨他的父親釋迦牟尼
出家，成為第一個沙彌弟子。

▊王宮生活

關於這段王宮的生活，釋迦牟尼後來在王舍城祇樹給孤獨園，對弟子
們的一次說法中，曾生動地描述這段回憶，記載在《中阿含經》卷第二
十九·〈大品柔軟經〉第一：

比丘們呀！在沒有出家以前，我過著非常幸福的生活。我家的宮苑中
有著池塘，漂浮著美麗的蓮花。在房間裡，也時常飄浮著栴檀的芳香。
我所穿的，都是伽尸所產的最上等的布帛。有三處宮殿供我住用，冬天
就住在冬殿，夏天就住在夏殿，春天就住在中殿。在夏天的雨季裡，整
天躲在夏殿裡，以歌舞取樂。出門時，自有一把白傘為我遮太陽。別人
家以米糠拌稀飯供養傭人和寄住的人，我家供養給傭人的卻是米飯和
肉。宮殿中的歌妓舞樂永不停歇。當我想到園中遊玩時，便有眾人簇擁
著我，侍服著我……

這樣富貴豪華的生活並沒有帶給年輕的悉達多快樂。生活裡的種種觸
動，彷彿告訴他，絢爛美麗的背後，隱約存在著一個可能更本質的事
實。在這不安的懷疑中，悉達多知道自己應該要有所行動與追求。

◎相關經典：
佛本行集經卷第十一·姨母養育品第十；第十二·捔術爭婚品第十三；第十三·常
飾納妃品第十四／太子瑞應本起經卷上／普曜經卷第三·坐樹觀犁品第八；太子求
妃品第九／過去現在因果經卷第二

**後宮之戀 5世紀
印度阿占塔(Ajanta)
第17窟**
此圖描寫古代印度的
國王與后妃在後宮親
密、繾綣之情。(鄭
永華攝)

在悉達多王子二十九歲生日的當夜，發生了什麼大事？

假如世間沒有這三種事，如來便不會出現於世間，如來所說的法和律也不會出現於世間。那三種事是什麼？就是病、老、死。

二十九歲生日的那個夜晚，歡宴散後，乘著夜黑風高，王妃、幼子熟睡之際，悉達多太子悄悄喚醒車夫，駕車載他離開王宮。破曉時分，他已到達國界，渡了河，脫下王子衣飾，換上粗布白衣，從此成了一個雲遊四方、求道修行的沙門。

悉達多太子乘車出遊浮雕 9 世紀
爪哇婆羅浮屠(吳進生攝)

■ 釋尊的表白

在後世的佛傳故事裡，談到釋迦牟尼出家的有名故事是「四門遊觀」。大意是淨飯王為了使太子高興，派人載他出城到郊外遊覽，前三次出遊，分別遇見老人、病人、死人等悽慘景象，令他沉思不已。最後一次出遊時，遇見一位安詳清高的沙門，因而引發太子出家的念頭。這故事也許不完全是史實，卻充分表現出太子發覺人類的病、老、死等悲慘命運是不可避免的，同時想要努力追求解脫的心境。關於出家的心境，釋迦牟尼在往後的說法中，曾做這樣的表白：

我年輕時，雖然過著奢侈的生活，但是常常在想：一般的人們，如果看到別人衰老，或者病痛苦惱，都認為是他人的事，與自己無關，一點也不在意，毫無憐憫或同情之心，甚至對於他人的死亡也是如此。從不把它對照自己本身，深切地考慮自己有一天也會如此面臨衰老、病苦，最後死亡。然而，我看到別人老、病、死，就將它和自己本身對照，而為它煩惱、悲傷。因此，對於自己現在的健壯，生命力的驕傲，完全斷除。

從平凡的表白中，可以感受到釋迦牟尼有著比常人更敏銳的感受，感受到生命的苦。在《經集》中的〈出家經〉裡，阿難曾對佛陀的出家有一個觀察：

佛陀是怎麼樣地出家？是怎麼樣地觀察，所以能大大地喜歡出家？我(阿難)想知佛陀出家的動機。「家居是狹隘而又厭煩，又為塵垢所發生的地方。可是，出家卻是寬廣而又無煩惱。」佛陀這樣地觀察，所以佛陀出家。佛陀從出家以後，避去因身所引起的惡業，拋棄因語言

佛陀出離浮雕 泰國清邁
傳說佛陀決意出家後，身著華
服，騎著勁馬，悄悄在半夜離開
王宮，當時有許多天神助他一臂
之力飛奔出城。(林許文二攝)

而發生的惡業，普遍地使生活潔淨。

■出家的動機

釋迦牟尼為什麼出家？也可以從外在環境分析：

1.弱肉強食的苦：從當時的政治勢力來看，釋迦部族非常弱小，強國憍薩羅正虎視眈眈，在弱肉強食的法則下，釋迦族想要脫穎而出成為新的強國是不可能的，這種想法也令他感到悲觀，因此驅使他走向沙門生活。

2.生老病死的苦：釋尊自幼喪母，讓他對生命有深沉感受，特別是對於死亡有深刻的思考。當時對生死的看法是無盡的輪迴，這種生死並不只是今生而已，而是三世永劫的苦惱，是長夜無盡的憂愁。釋迦牟尼出家時所抱持的課題，正是如何從生死輪迴中解脫的思索。

總而言之，釋迦牟尼出家是為了這個「苦」字，想從出家修行的生活中，去體悟出離苦的方法。

◎相關經典：
中阿含經卷第二十九‧大品柔軟經第一／普曜經卷第三‧四出觀品第十一；第四‧出家品第十二／修行本起經卷下‧遊觀品第四；出家品第五／佛本行集經卷第十四‧出逢老人品第十六；第十五‧道見病人品第十八；路逢死屍品第十九；第十六‧捨宮出家品第二十一；第十七‧剃髮染衣品第二十二／眾許摩訶帝經卷第四；第五／過去現因果經卷第二

檔案 *13*

盡去繁華的希達多，爲何選擇修苦行？

釋迦牟尼出家的決心，任誰也無法動搖。爲了表明決心，他以寶劍削去頭髮，就此捨棄富貴，邁向了僧侶的道路。

▌要往哪兒去？

離開了國境，釋迦牟尼先來到恆河邊的吠舍離，隨後，渡過恆河，往南方的摩揭陀國去。當時有兩個代表新文化的中心，一是恆河北邊的憍薩羅國，一是恆河南邊的摩揭陀羅國，有名的沙門、哲學家都雲集在兩國，對於求道者而言是很理想的修道場。

釋迦牟尼選擇摩揭陀國的原因主要是：憍薩羅是迦毘羅衛國的宗主國，距離釋迦國太近，很容易被父王找到，因此選擇了距離迦毘羅衛國有400公里遠的摩揭陀國。當時摩揭陀國的首都王舍城，宛如今天的巴黎、紐約，人文薈萃，正是「六師外道」大排論陣的地方。

釋迦牟尼初進王舍城，學著其他的沙門，白天托缽乞食，晚上棲身在郊外靈鷲山。這是多麼新奇的生活！以往三餐富足，錦衣華廈，現在每一口飯食都要靠他人布施，晚上必須與蟲草同眠，釋迦牟尼的新生活就這樣開始了。

▌在苦行林學習禪定

帶著饑渴慕道的心，釋迦牟尼每天在苦行林[註]中，探訪沙門和哲學家。印度最古老的修行法門是禪定瑜伽，最前衛的修行法門是苦行，他決定一一去學習與體悟。

禪定，又稱爲瑜伽(Yoga)，是一種內觀工夫，行者透過盤腿而坐，調節呼吸，能使精神統一。透過禪定，去除妄想，心如明鏡，能逐漸清澈地思考世界現象和人生問題。有些行者透過禪定，能產生不可思議的神通力量，當時有名的禪定仙人有兩位，阿羅藍仙人和鬱陀仙人，釋迦牟尼前後跟隨過他們。

▌高深的禪定境界

無所有處定：阿羅藍仙人的禪定境界到達「無所有處定」，這是很高的禪定境界，於超越物質的世界入禪定，到達此境界，心中無念無想，無對象可執著，所以心能自由。釋迦牟尼天生就是禪定家，在短短的時日裡便達到和阿羅藍仙人一樣的境界。雖然進入禪定時心能獲

菩薩斷髮出家木雕
緬甸蒲甘美術館
釋迦牟尼為了表白出家的決心，毅然以寶劍削去他的頭髮。(吳進生攝)

佛陀坐像 2-3世紀 印度秣菟羅
佛陀盤坐在金剛獅子座上，薄衣
貼身，有一雙張開的大眼，嘴角
微笑，肉髻上有一個大螺髮。佛
的兩邊有兩位菩薩，上方還有天
神。(吳進生攝)

得一時的平靜，但是一出定後，又恢復平常的心，
煩惱不斷，因此他認為這不是解脫之道。

非想非非想處定：接著，釋迦牟尼去追隨鬱陀
仙人，「非想非非想處定」是仙人的禪定境界。這
時雖然有「想」，但這「想」已不能起什麼作用
了，屬於輪迴世界的最高境地。釋迦牟尼也很快
達到了這樣的禪定經驗，成為高深的禪定家，可
是，他認為這樣的禪定境界仍無法根本解決他的
困惑與苦惱，不是他所要追求的。儘管仙人盼望
釋迦牟尼能接替他領導眾弟子，但被釋尊婉拒。

接下來，他打算加入苦行的行列，體驗另一種
截然不同的修行方法了！

註　苦行林：以現代話來說，苦行林就是當時的野外學
　　院，傳授思想與修行的場所。修行者可以口授切磋，
　　也可以一個人靜默思考或自修。

◎相關經典：
佛本行集經卷第二十一‧問阿羅邏品第二十六；第二十二‧答羅摩子品第二十七；
第二十三‧勸受世利品第二十八／方廣大莊嚴經卷第七‧頻婆娑羅王勸受俗利品第
十六／修行本起經卷下‧出家品／中阿含經卷第五十六‧晡利多品羅摩經第三

 頻婆娑羅王

　　當時，摩揭陀國由年輕的國王頻婆娑
羅王統治，國王的年齡和釋迦牟尼差不
多，約三十歲左右，正是血氣旺盛、雄
心萬丈的時候。當他獲悉釋迦牟尼的身
份，便到山洞中親自拜訪，想請他輔佐
國政。國王提出優厚待遇：

　　「你正年輕，正在人生的巔峰，容貌
端莊，又是有由來的王族出身，我可以
給你財富、尊貴地位，包括象軍、精良
部隊，都可以任你指揮。」

　　釋迦牟尼斷然拒絕了國王的邀請：
「國王，我離開自己的國家，所要追求的
不是這世俗之欲。世俗之欲的束縛最
多，厭離此欲才是最安樂的。我現在力
求修道精進，這是我的唯一目的，除此
之外，別無所求。」國王衷心感佩，並

與釋迦牟尼做了一個未來約定：「如果
您達成目的，證悟了真理，請您一定要
來教導我和我的國民。」

　　從此，年輕的國王與釋迦牟尼成了至
善之交，國王在世三十七年間，接受釋迦
牟尼教法治理國家，並保護他與他的教
團，直到死為止。

是什麼樣的一首歌，讓沙門瞿曇放棄
堅持六年的苦行？

太子為求正真道故，淨心守戒，日食一麻一米，設有乞者，亦以施之，爾時憍陳如等五人，既見太子，端坐思惟，修於苦行，或日食一麻，或日食一米，或復二日，乃至七日，食一麻米，時憍陳如等，亦修苦行，供奉太子，不離其側。──《過去現在因果經》卷第三

▋尼連禪河畔的苦行僧

在摩揭陀國的尼連禪河畔，常年有著這般景象：

酷暑的氣候下，蓄著糾結長髮的瑜伽行者，全身裸露，或僅以一塊白色棉布遮身，他們有的坐在鹿皮上打坐，有的正在練習各種瑜伽術。像是不停地念誦咒語或禱詞；在營火中央坐禪，忍受高溫酷熱；將身體倒掛在樹上；裸體躺在荊棘或鋪滿鐵釘的板上；終日不眠或是斷食數日、數月以上。河岸邊也有苦行者進行淨化儀式，他們可能正在河中坐禪或沐浴。四處瀰漫著安靜、和平、與世隔絕的氣氛，但也令人油然生起敬畏之心。

這就是二千五百年前的苦行林景象。釋迦牟尼也加入了苦行的行列，嘗試各種苦行，想盡辦法讓肉體飽受痛苦煎熬。他每天只吃喝很少的食物，幾近絕食，經典裡甚至說一天只吃一粒野麥和一粒米食，到最後，身體瘦如枯柴，氣如游絲，幾乎死亡。

遠在迦毘羅衛國的淨飯王聽到太子苦行傳聞，派遣了五名勇士前來釋迦牟尼身邊，保護他。這五位勇士是憍陳如(Ajnata-kaundinya)、跋提(Bhaddiya)、婆波(vappa)、摩訶男(Mahanama)和阿說示(Assaji)，後來也一起出家，跟隨世尊修苦行。他們認為，世尊經由這般苦行鍛鍊，總有一天可以達到開悟解脫。

釋迦苦行像 北魏（386-534）
敦煌莫高窟第 248 窟彩塑
釋迦佛兩眼深陷，肋骨隱顯，表現出苦行的內斂與智慧。

▋放棄苦行

但是，釋迦牟尼想不透，為什麼以前修習古老的瑜伽禪定，無法得到解脫，而今這般劇烈的苦行絕食，幾近到死，竟也沒有辦法平息心中的苦惱恐懼？一切仍在困境之中，一點進展也沒有。這究竟是為什麼？

他反覆思考，絕望極了，看來苦行並不是接近真理的道路，那麼到

苦行

苦行在印度由來以久,在印度早在其吠陀文獻中,就已經提到這種修行方法。當時的苦行者有這樣的看法:

人是由精神與肉體所建構而成。人之所以會有苦惱,是因為精神受肉體束縛而不能自由運作。人必須脫離物質以及肉體的束縛,才可以發揮精神的力量。因此,人要讓肉體受苦、飽受痛苦煎熬,以至於衰弱。因此,苦行的具體方法包括斷食、凝視火光、長時間獨腳站立、躺臥在釘板上、全身塗灰等等。

苦行的最極致理論是:真正的解脫要在肉體死亡,徹底擺脫肉體束縛後,才能得到。當時的耆那教就是嚴格奉行苦行主義的教派。

右上圖:就在尼連禪河畔,牧女獻糜乳給剛結束苦行的佛飲用,讓佛恢復體力,精進修行。(吳進生攝)

下圖:印度王舍城附近的苦行林遺跡(吳進生攝)

底該怎麼走下去?

傳說,這時原野中傳來一個唱遊人的歌聲:

「……琴絃太鬆則音不成調,太緊則聲音不悅耳,不鬆不緊才能使琴音和諧優美!……」陷入困頓的釋尊聽到了這歌聲,剎那間被震醒了,他霍然明白人的身心就像琴弦一般,只有離開極端,才有可能趨向讓心靈平靜安穩的真理。因此,他決定放棄苦行。

拖著衰弱的身體,釋迦牟尼走向尼連禪河畔,在河中把身體洗淨。由於身體很虛弱,使他必須攀住樹根,才能從河裡勉強起身。這時恰巧有一位牧牛少女難陀波羅經過,看見釋迦牟尼,供養了一碗溫熱的乳糜。釋迦牟尼接受了乳糜一飲而盡,慢慢有了體力。從這時起,釋迦牟尼開始飲食,恢復了健康,幫助日後在禪修方面得以突飛猛進。

原來修行不能只重精神的需要而忽略身體的需要。偉大的西藏瑜伽行者密勒日巴也有類似遭遇:當他第一次從崖洞出來,吃了一頓好飯食之後,發覺那不僅使他產生新的力量,更讓他的禪修工夫增長了。

只不過,憍陳如等五個隨從比丘看見他們所敬愛的世尊竟然放棄苦行,接受供養,都認為他已經墮落,想重回人間過奢華生活。他們唾棄並離開他,到了波羅奈城附近的鹿野苑,繼續修苦行去了。

◎相關經典:

過去現在因果經卷第三/佛本行集經卷第二十五‧精進苦行品第二十九;向菩提樹品第三十/眾許摩訶帝經卷第六/普曜經卷第五‧六年勤苦行品第十五/方廣大莊嚴經卷第七‧苦行品第十七

檔案 15

釋迦牟尼在菩提樹下悟道成佛前，與魔王如何交戰？

不成正覺，不起此座。——《過去現在因果經》卷第三

洗淨了身體，喝了牧女的乳糜，釋迦牟尼一路來到菩提伽耶，他的內心已經有了定見：苦行與樂行都是極端，無法幫助人們達到理想境界，唯有奉行中道，才能到達完善！他決定要以中道的態度來面對修行。來到濃蔭的菩提樹註下，他以乾草鋪席，盤腿靜坐，下定決心精進思惟：

「我今若不成正覺，寧可碎裂此身，終不起座！」

釋迦牟尼這一坐坐了多久，後世的佛傳經典中有不同說法，有說七天，有說二十八天或四十九天，總之，他是日復一日，夜復一夜，進入很深的禪定。到了一天的傍晚，釋迦牟尼的身心徹底獲得了寂靜凝定；到了深夜，獲得了無比的神通力；到了黎明，體悟了能使人離苦得樂的真理。天剛破曉，釋尊仰望明星，終於徹悟成佛！

釋尊在樹下成道之後，又在菩提樹的附近停留了幾個星期的時間，繼續思索著剛剛才悟出來的道理。

佛陀降魔圖　北周（557-581）
敦煌莫高窟第 428 窟壁畫
此畫描繪釋迦牟尼在菩提樹下靜坐思惟，魔王波旬率領魔軍來阻止他成佛。此時，釋迦以手觸地，大地湧現出地神，護持釋迦成佛。

▉ 降服魔王波旬

時隔二千五百年，我們能知道這段漫長的禪定思惟過程是怎麼回事嗎？

在原始經典中，並未敘述這一段佛陀得道的經過，但是在後來的佛傳經典卻有許多精彩的描述，描寫釋迦牟尼降服魔王波旬的經過，故事雖不盡相同，大意是如此：

魔王波旬，恐懼釋迦牟尼即將成佛，如果他真的成佛，魔宮的子孫便會減少，所以波旬來到正在禪定中的釋迦牟尼面前，誘惑他：如果放棄成佛，即可使他成為支配世界的偉大國王。事實上，當釋尊初出生時，就有一位仙人預言釋尊如不出家成佛，必可成為支配全世界的轉輪聖王。所以，此時的釋迦牟尼當然不會為波旬的說辭所動。

接著，波旬用大自然的破壞力，向釋迦牟尼瘋狂襲擊。人類遇到無法抗拒的自然災變之際，就會感到自身的渺小，生起怯弱之心，祈求神靈的保祐。天魔波旬了解人性的弱點，所以在震怒之下，發動了狂

神通力

佛陀在徹悟真理的過程中，獲得了神通力，也就是無比的超能力。佛的神通是佛的智慧的展現。共有六種神通：

1.宿命通：洞察前世的神通力。

2.天眼通：徹見真實存在的神通力。

3.漏盡通：滅除一切煩惱，不受輪迴的神通力。傳說釋尊徹悟當天就獲得了這三種神通力。

4.他心通：知曉他人心意的神通力。

5.天耳通：具有超長聽力神通力。

6.神足通：剎那間可以隨意念而到想去的處所的神通力。

位在菩提伽耶，傳說中佛陀成道的那顆菩提樹，現在是世人朝聖的佛陀聖地。
(吳進生攝)

風暴雨和酷寒，阻撓釋迦牟尼成佛。可是，無畏的釋迦牟尼繼續禪定，平靜如常，不動聲色。後來得目真鄰陀龍王見而以己身護佛。

天魔見到利誘威脅，都不能使得悉達多改變成佛的初衷。最後便使出了最惡毒的武器，派遣了他的三個女兒，以美色情欲來破壞悉達多的定力。三個魔女撩撥姿色，極盡挑逗，可是，釋迦牟尼運用神力把她們變成了醜婦，倉皇逃走。釋迦牟尼戰勝了種種試探，震撼了魔宮，使得魔王波旬遁形逃走了。也有經典描述魔王波旬所有射向釋尊的恐懼、貪婪、欲望等等的箭矢，都化為蓮花，紛紛飄落在釋迦牟尼身上，無法加害，反而成了祝福。

▎突破最後的我執

其實，所謂的魔(mara)，是指障礙，它不是來於外境，而是生自內心。那是釋迦牟尼克服了所有障礙──他所深藏的恐懼、誘惑、貪欲……，全都化做魔王波旬向他襲來，這也是「我執」的最後一擊。聖嚴法師在他所著《佛教入門》書中，有很好的詮釋：

「他(釋迦牟尼)……接受了各種生理、心理及自然界的衝刺和考驗。當他正要擺下一切人間的欲望之時，欲望的火焰卻更旺更盛起來；他對那些迷戀的情愛、生存和悅樂的渴望與回憶，必須要用堅定的信念來與之戰鬥。那些東西，確是人類賴以生存和求上進的根源，但也均係苦難的泉源。因此，人若到了將要和這些東西告別的關頭，它們便會猛烈地在心中浮現出來，榮譽、名聲、權力、財富、愛情、家族生活的樂趣，以及來自周遭的寵愛等等，一切的喜樂和歡悅的誘惑之相，全部湧現在眼前。這種景象使他感到困惑；可是，終於在智慧的決斷之下，突破了人類的最後弱點，戰勝了身心的魔障，也克服了自身的障礙，登上了人類智慧和人格的極峰，完成了究竟無上的佛果。他的心境，從波濤洶湧的狀態，進入了

平靜如鏡的狀態：從此之後，永無波浪，也沒有漣漪，唯是一片深廣無邊與澄澈清涼，容受一切，包舉萬類，而又絲毫不受他物的騷擾。」

註　菩提樹：原名畢缽羅樹(pippala)，由於佛陀在此得道，故改稱爲菩提樹。

◎相關經典：
普曜經卷第六·降魔品第十八 / 佛說如來不思議秘密大乘經卷第十一·降魔品第十三 / 佛本行集經卷第二十七～三十·魔怖菩薩品第三十一；菩薩降魔品第三十二 / 佛所行讚卷第三·破魔品第十三 / 修行本起經卷下·出家品第五 / 過去現在因果經卷第三

金銅佛坐像 14世紀 西藏地區
佛陀手持降魔印，容貌靜謐詳和，是克服了恐懼、貪婪、誘惑等内心障礙，趨向澄澈清明的境地。(陳慶隆提供)

佛陀是瞬間悟道的嗎？

　　釋迦牟尼菩提樹下悟道的故事，經常讓我們想起兩位科學家的故事。

　　英國科學家牛頓在蘋果樹下，被掉下來的蘋果砸中頭，因而發現了萬有引力。還有希臘數學家阿基米德在澡缸裡洗澡，從浴缸溢出來的水得到啓示，從而發現了浮力原理。當我們在聽這些故事時，會有一種錯覺，總覺得他們是在「瞬間頓悟」的？他們聰明才智過人，經過自然現象一點撥，就能發現潛藏在宇宙萬有中的運行法則。釋迦牟尼的悟道彷彿也是如此，在菩提樹下打坐數日，就能發現生命實相的真理──緣起論？

　　如果我們了解牛頓和阿基米德追求知識的過程，就知道他們從小便細心觀察事物，對觀察的對象反覆思考，以致時機成熟，在恰當時機，受到適時的激發，便能發現了不起的科學定律。

　　偉大的釋迦牟尼，從在家時代，反抗婆羅門的神權信仰，後來出家修行，潛心研究當時印度思想界的思想和學說，也實地嘗試過各種實踐方法，對於一切哲學理論，都要經過嚴謹的論證與體驗。在六年的苦行中，他與諸外道學者研究各派哲學，同時又經過了千錘百鍊的身體鍛鍊，然後，他才胸有成竹，沐浴身心，坐在樹下，做他個人修道體驗的結集。

　　當釋迦牟尼在菩提樹下端坐時，那只是個「悟道的開始」。關於「道」，他才開始出現一個概略的輪廓，那是不完整的，是動搖的，所以，他還不能離開菩提樹下，他必須繼續克服許多困難與障礙，這就是所謂「降魔」。直到降服身心魔障之後，才是真正的豁然貫通。正所謂「千里行路，一步到家」。

成佛後的釋迦牟尼原無意於傳法，梵天如何啓請勸說？

我證甚深微妙之法，最極寂靜難見難悟，非分別思量之所能解，惟有諸佛乃能知之。……若以此法爲人演說，彼等皆悉不能了知，唐捐其功無所利益，是故我應默然而住。……——《方廣大莊嚴經》卷第十

**坐佛頭像 北魏（386-534）
山西雲崗石窟**
此尊佛頭像，有高肉髻，長眉細目，面容慈靄，洋溢著覺者的超然況味。（王露攝）

「緣起甚深！」這是古經中的一句偈語，卻道出了佛陀剛得道後的心情。佛陀初識「緣起」，反覆思量他所得到的智慧喜樂，忽然他生起這樣的心思：

「我是否應該將這樣的體悟告訴他人呢？我所體悟到的緣起奧妙難懂，是以前人未曾說過的道理，若非已經成佛者，是很難了解的。一般世人貪於享樂愛欲，即使對他們說了，也無法領悟其中精妙。算了，還是別浪費心力，也許我應該保持緘默，遠離人世。」

梵天勸請

佛陀決定保持緘默，不要向世人說法。世界最高的天神梵天知道了佛陀的想法，很著急，便來勸說佛陀：

「如來如果不說法，想保持緘默，那麼世間只有壞滅一途。」梵天向佛陀合掌：「世尊，我祈求你說法吧！有些塵垢很少的人，如果不聽聞正法，恐怕會墮落，如能聽聞正法，必能了悟。」

梵天反覆勸請了三次，於是，佛陀以清淨法眼觀察世間。眼前浮現這樣的景象：在一蓮花池裡，有些蓮花深深沉入池底，永遠無法到達水面；有些盛開在水面上；有些則幾乎觸及水面。深沉水底的蓮花永無開花的一日，在水面盛開的花已經脫離困境，而幾乎觸及水面的花只要給一點協助，就可以綻放。

相同的，眾生也分爲三類：第一種人頑冥固執，無法聽見正法，辨

識正途；第二種人已經找到真理，不需要教誨；第三種人仍在尋找道路。釋尊了解到第三種人的需要，只要適時給予幫助，就能找到正確的道路，這就是他說法的對象。

▌慈悲本懷

梵天勸請的故事記載於許多佛傳經典中，這個故事的意義在於表達佛陀面對世間的猶豫躊躇。畢竟在當時印度的社會中，反婆羅門思想的傳布，是需要很大的勇氣。再加上這麼奧妙的法該如何說起？該用什麼方式呢？這個深妙的法能否為世人所接受，佛陀剛開始並沒有把握。

最後真正促使佛陀決定走向世人說法的，是真實不移的慈悲，當初觸動佛陀放棄宮中生活，進而走向出家之路的便是這慈悲。佛陀對身邊的事物往往有著超乎常人的同理心，所以感同身受地去體會到世間萬物的痛苦，便是這份心情讓他能夠體悟到解脫之道，最後並決定向眾生宣說他的教法。《華嚴經》曾說：「無一眾生而不具有如來智慧。但以妄想顛倒執著，而不證得。」

當佛陀決心走回世間向世人說法後，從很深的禪定中出來。這時，有兩個商人兄弟帶著商隊經過附近，見到佛陀供養了豐富的食物，佛陀得到了體力，便開始了教化旅程。這時佛陀三十五歲，從此展開了四十五年的教化工作，直到八十歲過世為止。佛陀在一念之間，下定了宣揚佛法的決心，而那一念為世界開展出一大宗教文明。

◎相關經典：
佛本行集經卷第三十二・梵天勸請品第三十六／眾許摩訶帝經卷第七／普曜經卷第七・梵天勸助說法品第二十三／過去現在因果經卷第三／增一阿含經卷第十・勸請品第十九

梵天

梵天（梵文 Brahma），是古印度婆羅門教的三大主神之一，是象徵創造的神祇，負責創造宇宙萬物，也是婆羅門教中最受尊崇的主神。後來在佛教思想中也沿用了梵天的概念。不過，在佛教中，梵天不再擁有主宰一切的崇高地位，而只是統領大千世界的一個神祇；每當世間有佛出世的時候，梵天就會先來勸請佛轉法輪，助佛教化世間。

梵天勸請浮雕 1世紀
證悟得道的佛陀禪坐靜思，梵天與帝釋天前來勸請佛陀回人間說法。圖左臉有鬍鬚、合掌的是梵天，圖右身上有冠飾、首飾的是帝釋天。

佛陀初轉法輪，最初的弟子是誰？傳的是什麼法？

初轉法輪

「法輪」是一種象徵性的說法。在印度的傳說中，有一個聖世明君，稱為「轉輪聖王」，他擁有上天賜予的輪寶，能夠摧毀世間的一切邪惡。所以，就用「法輪」來比喻佛陀的教法，能夠摧破眾生之惡；而佛陀說法就稱為「轉法輪」。

在後來的《佛說轉法輪經》中便記載了「轉法輪」的故事：「一時，佛陀在波羅奈國鹿野樹下坐。當時有上千比丘和諸天天神圍坐。這時，有一個法輪飛到佛陀面前旋轉，佛陀用手撫摩著法輪說：『停下來吧！我在過去無數世的輪迴中，受盡了無盡的痛苦，如今已經全然斷除愛欲癡念，免去了輪迴之苦，捨棄一切外在的因緣誘惑，脫離生死，永遠不在輪迴之中沉淪了。』於是，法輪就停了下來。」然後，佛陀就開始向眾人宣說第一次的教法。

禮拜弘法柱浮雕 1世紀 印度珊奇(Sanchi)佛塔
畫面中央有一弘法柱，上頭有一個大法輪，代表佛陀說法。旁邊有許多善男信女合掌敬拜。
(吳進生攝)

> 初聽聞妙法，心中滿歡喜；聞法即斷取，聽後滅貪欲。
>
> ——五比丘之一 阿若憍陳如長老偈

釋迦牟尼最初的說法，稱為「初轉法輪」。踏出第一步是最困難的。該往哪兒去說法？該說給誰聽？從菩提伽耶啟程後，釋尊一路想著先向誰說最適合。傳給最初教他禪定的兩位老師吧？他們一定可以了解我所領悟的真理。可是，打聽之後發現二位老師已過世。於是佛陀又想起了先前和他一起苦行、又照顧他的五位比丘，應該先和他們分享這生命之道吧！

▎與五比丘說「中道」

決定之後，釋尊沿路托缽，前往波羅奈城附近的鹿野苑。五位比丘正在樹下禪坐，由於他們對釋尊有誤解，因此，遠遠看見釋尊，便彼此商量好：「那個墮落的沙門瞿曇來了，我們不要迎接他，也不要理他。」然而，當釋尊漸漸地走近時，五個人卻又各自違背約定，一人起身迎接，一人為他安排鋪坐，一人接過佛陀手裡的缽，一人拿水幫他洗腳，一人送來擦腳布。雖然如此，五比丘心裡仍舊輕視他。

「比丘們，好好聽著，我已經是開悟的佛陀，超越生死的如來，我要為你們說法，你們也必將開悟。」釋尊一連三次對他們這麼說，他們三次拒絕，於是釋尊對他們說：「你們過去曾聽我說過如此自信的話嗎？」

他們回答：「沒有。」於是仔細端詳，今天這個瞿曇的確與往日不同，充滿自信光耀，具有聖神威嚴。就這樣，他們被佛陀的誠摯打動，準備好好聽他說法。

釋尊開始對他們說法：「世間有兩種極端，是出家人所不應該親近的，那究竟是什麼？一個是耽溺於愛欲，另一種是走極端的苦行，這兩種對解脫開悟都無益處。只有行在中道上，才能開智慧眼，到達生命的最高悟境。」

這段話不但是說明了佛陀當初為什麼捨他們而去的因由，也引導他們遠離欲樂和苦行的「中道」。中道的內容是什麼？就是四聖諦中的八正道。隨後佛陀為他們開示四聖諦、八正道。

在日以繼夜的說法與討論中，聆聽教法的五比丘心境逐漸成熟。其

中，憍陳如第一個當下開悟，成爲阿羅漢。釋尊開心的歡呼：「憍陳如開悟了，憍陳如了悟了。」因此稱他爲「阿若憍陳如」(意思是了悟的憍陳如)，是第一號佛弟子。後來其他四人也陸續開悟。那時，這世間已有六個阿羅漢。

印度鹿野苑僧院遺址
釋迦牟尼悟道後便到鹿野苑來說法，最早向五比丘說法，而且在這裡形成最早的佛教僧團。(吳進生攝)

▋佛法僧三寶具足

這就是佛陀初轉法輪的經過，也算是佛教在宗教史上正式確立，它的意義有三：

1.佛教思想中最基本的「三寶」，即「佛、法、僧」具足：「佛」指的就是了悟解脫的佛陀本身，「法」便是佛陀初轉法輪所說的教法，而「僧」就是指體悟正法的五比丘。從此，信者必須皈依三寶，才算是佛教徒。

2.佛陀的信仰理論成形而趨於完備：這是佛陀第一次向世界展開正法，藉著和了解當時哲學思想的五比丘討論辯證，佛陀完備了整套的信仰理論。

3.出現僧團雛型：五比丘是佛陀第一批出家弟子，加上佛陀在內，有了六人的僧團雛型，這是日後展開教化的核心小組。

註　阿羅漢：梵語 Arahan，意譯爲「應供」，係指證悟到最高境界，體悟眞理的人。
「阿羅漢」還有兩種意思：一是「殺賊」，證悟阿羅漢的人已經殺盡了心中所煩惱的毒害；一是「無生」，到達阿羅漢境界的人能脫離輪迴流轉，得到涅槃解脫。
對於小乘佛教來說，能夠證得阿羅漢果，就已經是獲得了徹底的解脫境界；不過，大乘佛教並不認爲阿羅漢是究竟的解脫境界，而必須到達成佛境界才是徹底解脫。

◎相關經典：
過去現在因果經卷第三／方廣大莊嚴經卷第十一・轉法輪品第二十六／佛本行集經卷第三十三・妙轉法輪品第三十七／增一阿含經卷第十四・高幢品第二十四之一／普曜經卷第七／中本起經卷上・轉法輪品

佛坐像 印度 2-3世紀 震旦文教基金會收藏
佛陀雙手持轉法輪印，象徵說法。佛陀最初說法的對象，就是曾跟隨他修苦行多年的五比丘，他們聽聞佛法之後，隨即成了證悟眞理的阿羅漢。

佛陀遊方傳法的範圍包括那些地方？

> 爾時，世尊告諸比丘：「汝等當行人間，多所過度，多所饒益，安樂人
> 天，不須伴行，一一而去。我今亦往鬱鞞羅住處人間遊行。」
>
> ——《雜阿含經》卷第三十九・第1096經

　　佛陀成道後短短幾個月，經由他的引導，得到最高悟境的阿羅漢已
有六十人，佛教教團的基礎已告完成。在波羅奈度過漫長的雨季之後，
佛陀向六十位阿羅漢說：「我和你們都已經悟道，為了世間人的和平與
幸福，你們到各處去雲遊、說法吧。你們去宣說那開始是完善、中間也
完善、末了更完善的義理。……我現在要去優樓頻羅村，你們也各自出
去吧，不要兩個人一起走，必須一個人獨行，這樣可以盡量多教化一些
人。」這是佛陀宣教的開始。

■ 教化的策略

　　當時印度的兩大新文化中心是恆河北邊的憍薩羅國和恆河南邊的摩
揭陀國，這兒是生活富裕的新興強國，又是人文薈萃、思想自由的地
區。佛陀認為如果能在這兩個地方傳法，將有廣大的發展空間。

　　早期以摩揭陀國為傳法中心：佛陀先選擇以摩揭陀國為開始教化的
地區，有三個重要考量：一是傳統婆羅門教在摩揭陀國的影響力越來越

緬甸仰光六層塔大臥佛的佛足，
佛足下刻畫有象徵佛陀的千輻輪
圖案。(黃丁盛攝)

小，二是該國的年輕國王頻婆娑羅王和佛陀是舊識，三則頻婆娑羅王一向鼓勵新思想與新宗教，是個開放的君主。這對宣揚教法是有利的環境，因此，在佛陀剛開始教化的兩、三年間，大多以摩揭陀國為中心，逐漸往北發展，建立廣大的群眾基礎。

後期以憍薩羅國為傳法中心：在佛陀成道約五、六年後，教化重心開始擴展到了恆河北邊的憍薩羅國，這兒的異教外道頗盛，對佛教形成壓迫與抵制，再加上憍薩羅國是迦毘羅衛國的宗主國，一開始對佛陀並不太尊重，國王波斯匿王也不熱衷宗教，種種因素相加，使得傳法遭到許多挫折。經過漫長的經營，一直到佛陀教化的後半期(指成道二十年後到晚年)，憍薩羅才成為重要的傳法中心。

佛陀立像 約5世紀印度鹿野苑
佛陀右手施與願印，象徵帶給世人和平和幸福。(吳進生攝)

▋傳法的範圍

根據後世學者們的考究，佛陀住世時教化行走的範圍在恆河流域一帶，約等於現今印度的北方邦和比哈爾邦兩個省分。最北到達他的祖國迦毘羅衛國(現今印度與尼泊爾邊境一帶)；最東到達央伽國的瞻波城，這是古印度中部的大城，位在恆河下流；最西到達拔沙國的憍賞彌城(今印度阿拉巴哈特城附近)；最南到達摩揭陀國的王舍城(今印度比哈爾邦的巴特拿附近)。其中最主要的兩大傳法中心，就是憍薩羅國的舍衛城和摩揭陀國的王舍城。著名的祇樹給孤獨園和迦蘭陀竹林精舍分別在這二城裡。其他重要的說法地點包括迦尸國的波羅奈(也就是鹿野苑)、末羅國的拘尸那羅(也就是拘尸那)、跋耆國的吠舍離等，都位在恆河兩岸。(請參見第17頁印度地圖。)

一直跟在佛陀身邊，將佛陀的教訓全部記下且背誦出來的是誰？

面如淨滿月，眼若青蓮華，佛法大海水，流入阿難心。能令人心眼，見者大歡喜，諸來求見佛，通現不失宜。——古偈語

在佛陀身邊一直跟隨服侍到涅槃的是阿難尊者。

阿難，全名是「阿難陀」，梵語 Ananda，原是佛陀的堂弟，後來搞叛教的提婆達多是他的親哥哥。在佛陀五十三歲時(有說五十五歲)，阿難被僧團推選為侍者，侍奉佛陀，那時他只有二十五歲。阿難有一個本事是記性超強，理解力高，無人能比，可以完全無誤的背誦出佛陀說過的法教，因此被稱為「多聞第一」。阿難的另一優點是富有正義感與同情心，熱於助人；同意女性出家，便是阿難向佛陀據理力爭的結果。

每部經典以「如是我聞」四個字開宗明義，這個「我」指的就是阿難。阿難對我們後世佛弟子的貢獻非常大，多虧他擁有超強記性，在佛涅槃後，首次經典集結中挑大樑，一字不漏地背誦佛生前的教法，今天我們才有佛經閱讀，領受佛陀的正法。最初結集的經典，如《阿含經》、《譬喻經》、《法句經》等，都是由阿難所誦出的。以「如是我聞」開始，表明是「阿難如實聽到佛陀這麼說的」。

當年阿難差點無法參加這次結集大會。話說大迦葉當年集結了四百九十九位證悟解脫道的阿羅漢，準備召開大會，獨獨把阿難一人摒棄在外，原因是阿難到現在還未證悟。阿難慚愧悲泣，當下奮發精進，當夜證得了阿羅漢果，成了第五百位參加集結的阿羅漢，背誦出佛四十多年來所說的一切經法，使佛法流傳於世。

佛陀過世後，阿難接受大迦葉的囑咐，繼續在恆河邊上弘法布教。有一次，阿難來到竹林中，聽到有個小沙彌背誦佛法，唸著：「若人生百歲，不見水潦鶴，不如生一日，而得睹見之。」

不見水潦鶴有什麼重要？不解生滅法才是重要。阿難聽了感慨佛法衰微這般快速！阿難好心糾正小沙彌：「這句偈語應該是：若人生百歲，不解生滅法，不如生一日，而得解了之。」沒想到小沙彌回去告訴師父，他的師父說：「阿難老糊塗了，你不要聽他胡說八道。」阿難知道後，慨嘆眾生愚昧，難以教化。他又知道自己在這世上的度化因緣已盡，住世無益，於是就此入涅槃，據說阿難活到一百二十歲。

右頁圖：
釋迦牟尼佛坐像 北漢(約 10 世紀) 山西平遙萬佛殿
這尊釋迦牟尼佛屬唐代以後的風格，面容柔和圓滿，衣褶簡潔。兩旁脅侍年老者為大迦葉，年輕者為阿難，座前還有供養童子。(香港佛教志蓮圖書館提供)

◎相關經典：
佛本行集經卷第五十六～五十七·難陀因緣品第五十七／中阿含經卷第四十三·阿難說經第六／中阿含經卷第八·侍者經第二

佛陀的哪一位弟子以苦行聞名？

迦葉年老，不捨頭陀，佛憫其衰，勸令休息，迦葉頭陀如故，佛乃深讚，有頭陀行，我法久存，故云頭陀第一。

在佛陀的眾多弟子中，以苦行聞名的，當屬摩訶迦葉（Maha kas'yapa），也就是俗稱的大迦葉尊者。

■ 頭陀第一

大迦葉生於古印度摩揭陀國的一個婆羅門家，家境富有，學問好，但他淡泊名利，厭薄情欲。雖然父母給他娶了一位絕色美人，但兩人始終分床而睡，後來父母去世，夫妻二人便先後出家，做了佛陀的弟子。

佛陀在成道後的第三年度化他為弟子，學習佛法，八天後就得道成為阿羅漢。大迦葉入了佛門，曾率領五百弟子修習頭陀苦行，因此被尊為「頭陀註第一」，受到佛陀的讚許，讚揚他在頭陀行方面「所行無有漏失……諸比丘所學，常當如大迦葉」。

大迦葉尊者一生少欲知足，行起坐臥都嚴守戒律。他不喜歡過僧團生活，經常獨自露天靜坐，塚間觀屍，樹下補衣。他認為屍臭和白骨對修習無常、苦、空、無我、不淨觀等具有極大益處。

■ 只向窮人家化緣

大迦葉還有一個有趣的故事：他是印度富豪家出身，但特別同情貧窮人，每一次出去化緣，都是乞貧不乞富，專向窮人家化緣。難怪他長得乾乾瘦瘦的。而當時另一個弟子須菩提則相反，只喜歡到富人家去化緣。為什麼呢？據大迦葉的說法：「我聽世尊說過，貧窮人是前生沒有行布施，沒有修福德，所以今生貧窮，我去給他種點善根，叫他行點布施，那他就積了德，來生來世，不再貧窮。」至於須菩提則說：「你們聽世尊講過嗎？富人因他前生前世種了善根，多行布施，所以今生富有，假如今生不繼續布施，把福報享完了，來生又變成貧窮人，我怕他福報享完，所以叫他繼續行布施，修福德，來生來世還做個富人。」

佛陀知道了，把他們兩人都叫來說：「你們兩個人都對也都不對。怎麼說兩個人都對呢？因為都是發心利益眾生。怎麼說都不對呢？因為心不平等，各有所偏。要度眾生也得普渡，也得平等的度，須菩提只度富人不度貧人，迦葉只度貧人不度富人，這都是因為心不平等。」從此

以後佛陀就定個規矩，化緣不可起分別心，窮人富人一樣，挨次去化，不可以專向窮人化緣，或專向富人化緣。

█ 堅持苦行到老

　　大迦葉相當堅持苦行，到老都不改本色。他說：「我要樹立艱苦修行的榜樣，讓將來的人對少欲知足的苦行能尊重和實踐。」有一次，佛陀為僧眾說法，迦葉身穿糞掃衣，蓬髮垢面，蹣跚而走。佛陀便勸他：「迦葉，你年紀老了，不要繼續苦行，脫下糞掃衣，換上整潔輕軟的服裝，也不要過分疲勞。」迦葉當即拒絕說：「我把頭陀苦行看作是快樂的事情，不為穿衣吃飯憂愁，沒有人間的得失，我的內心中因此而感到清淨解脫的喜悅。」佛陀聽了迦葉的話，說：「將來我的正法，不是毀於天魔外道，而是毀於僧團內部的腐化和墮落。如果要久住正法，僧團鞏固，一定要像迦葉那樣過嚴肅的生活。迦葉，我不勉強你，你就走自己的路吧。」

█ 經典結集的佛教領袖

　　佛陀涅槃後，五百弟子們召開了第一次結集佛經會議，記誦佛陀生前說法(見第31檔案)。這歷史性的會議便是由大迦葉擔任召集主持工作，可說是佛陀離世後第一位佛教領袖。據說大迦葉就在這次結集後不久，於摩揭陀國的雞足山過世。

　　此外，大迦葉還是中國禪宗有名的「拈花微笑」公案的主角，在靈山獨得佛陀「心傳」，佛陀指定為親授衣缽的傳人，成為禪宗的第一代祖師。(見第50檔案)

註　頭陀：梵語，原意為抖擻或淘汰，也就是把身上的塵勞抖得乾乾淨淨，把身上的習氣淘汰掉。因此，頭陀也就是苦行的意思。

◎相關經典：
過去現在因果經卷第四／佛本行集經卷第四十五～四十七・大迦葉因緣品／中本起經卷下・大迦葉始來品／雜阿含經卷第四十一／增一阿含經卷第二十、三十五／四分律卷第五十四

迦葉像 唐代（618-907） 敦煌莫高窟第328窟彩塑
苦行的迦葉，身穿通肩袈裟，直立合掌，眉根緊鎖，口微開，臉頰深陷，頸部筋骨裸露，極盡寫實風格。

誰是佛的大弟子？
哪兩位弟子稱爲「雙賢弟子」？

我禮舍利弗，解脫諸恐怖，名稱普於世，智慧無有等。

——《雜阿含經》卷第二十三・第604經

佛陀的大弟子是舍利弗，他擅於辯論，經常以超絕的口才折伏外道，號稱「智慧第一」。他和好朋友目犍連一起皈依佛陀，成爲佛陀弘法的兩大助手，因此被稱爲「雙賢弟子」。

在南傳佛教地區，最受佛教徒禮敬的，除了佛陀之外，便是舍利弗和目犍連這兩位大弟子。而熟悉《心經》的人，一定知道是在舍利弗和觀自在菩薩一問一答下，才成就了這部膾炙人口的大乘經典。

■年輕哲學家

舍利弗，出生於婆羅門家庭，有很好的家世背景，十分聰慧，八歲時便通曉婆羅門教的吠陀經典，與人辯學。長大後，舍利弗和好友目犍連都成爲當時有名的懷疑論大師散若耶的弟子，是充滿活力思想的年輕哲學家。不過，很快地，散若耶並無法滿足這兩個年輕學子，而全印度的思想家他們也都不看在眼裡，因此他們便開始自立門戶，招收弟子，各自有五百個婆羅門青年追隨者。

有一次，舍利弗在王舍城中，不禁意被路上一位年輕的托缽比丘吸引。這比丘正是佛陀座下的五比丘之一阿說示比丘，那時佛陀正來到王舍城說法。當時阿說示在街上托缽，衣著整齊，儀態端正，安詳穩重的氣質十分引人注目。當舍利弗見到阿說示，心想：這是哪一個大師的弟子，竟有這樣非凡的氣度？忍不住上前詢問，阿說示回答：「我的老師是一位釋迦族出家的大沙門，我信奉的就是他的教誨。」

舍利弗問：「您的老師所說的教誨是什麼？」阿說示就告訴舍利弗一個詩偈：

「諸法因緣生，諸法從緣滅。我佛大沙門，常作如是說。」

這是佛教有名的「緣生偈」，意爲：世間上的萬事萬物都是由因緣而來的，也都會隨著因緣而消滅，這個因緣生滅的道理，就是老師的重要教誨。

喜好哲學思惟的舍利弗聽到這首短偈之後，體會出這是一個未曾聽過的新思想，許多困惑他內心的迷團，竟然就在這麼簡單的偈語中找到解答。他開心地跑去告訴目犍連這個令人欣喜的好消息，目犍連聽到了

這首詩偈之後，也有同樣的體悟，於是，他們兩個人就決定一定要去皈依這個非凡的成道者。藉由他們的號召，共有二百五十個人一起前去竹林精舍皈依了佛陀。

佛陀遠遠看見這群人走來，便對身邊的弟子說：「這帶頭的兩個人，將來必定會成為我門下最重要的二大弟子。」後來，他們二人分別在一、兩週內證得了最高悟境阿羅漢。

▋佛法護衛

舍利弗在僧團中一直扮演著領導的角色，他理解教義以及教導解脫道的能力，僅次於佛陀，是一位循循善誘的教師，更是佛法的忠實護衛者，因此贏得「佛法護衛」（Dhamma-senapati）的頭銜。舍利弗和目犍連這對弟子，終其一生協助釋尊弘法，直到佛陀要涅槃的那年，他二人也先佛陀而涅槃。他們兩位在弘法上互相扶持的關係，可由佛陀所說的話得知：「舍利弗如同嬰兒的生母，而目犍連如同嬰兒的保姆，一起同心教導眾比丘。」

◎相關經典：
普曜經卷第八‧化舍利弗目連品第二十七／過去現在因果經卷第四‧方廣大莊嚴經卷第十二‧轉法輪品／佛本行集經卷第四十六～四十八‧舍利目連因緣品／大方便佛報恩經卷第五‧慈品／增一阿含經卷第二十九／雜阿含經卷第十八

釋迦牟尼佛唐卡 19世紀 西藏
唐卡中的釋迦牟尼佛持降魔印，下方侍立者是弟子舍利弗和目犍連，中間者是財寶天王。佛的台座下方兩側有一對獅子。獅子，象徵釋迦牟尼成佛後為「人中師子」，也就是人中至尊的意思。而佛說法聲如洪鐘，四方千里都聽得到，讓人歡喜樂，因此佛說法又稱為「獅子吼」。(陳百忠提供)

●智慧第一：舍利弗

●神通第一：目犍連

●頭陀第一：摩訶迦葉

●多聞第一：阿難陀

●解空第一：須菩提

 十大弟子

佛陀眾多出家弟子中，有所謂「十大弟子」最為人所稱道，他們又稱作「釋迦十聖」。這十個弟子各有獨特的秉性以及與眾不同的特長。

●智慧第一：舍利弗
舍利弗是佛陀的首座弟子，也是佛陀最信任的弟子。（詳見第21檔案）

●神通第一：目犍連
目犍連，又譯作「摩訶目犍連」、「大目犍連」等，一般民間多稱為「目連」。目犍連和舍利弗都出身於婆羅門種姓，也與舍利弗同時成為佛陀早期的重要弟子。他們二人對於早期佛陀教義的宣廣，有著非常重要的貢獻。

目犍連在佛弟子中，有「神通第一」之稱，「神通」是指因為修行禪定而得到無礙自在、超越人間的不可思議力量。在民間，流傳著一個關於目犍連的

傳說故事，就是「目連救母」。據《盂蘭盆經》記載，目犍連為了拯救他的母親脫離餓鬼道，就在七月十五日供養十方的僧眾，讓他的母親能夠脫離苦難。這也就成為後世「盂蘭盆會」的由來。目犍連晚年時，遭到嫉恨佛陀僧團的婆羅門徒攻擊而死。

●頭陀第一：摩訶迦葉
摩訶迦葉，「摩訶」是大的意思，所以又稱為「大迦葉」，是苦行僧的代表。（詳見第20檔案）

●多聞第一：阿難陀
阿難是佛陀的貼身弟子，記性特佳，能背誦佛陀二十多年來的說法。（詳見第19檔案）

●解空第一：須菩提
「解空」，就是能夠了解空性的道

理，「空」是與「有」相對的，表示空虛、空無、空寂等意思，空的道理就在說明一切萬物都是短暫、不真實的存在。而在佛弟子中，須菩提最能夠理解空性的道理，所以稱為「解空第一」。有名的《金剛般若波羅蜜經》就是須菩提與佛陀二人的對談錄，闡述空性的重要經典。

●說法第一：富樓那
富樓那的全名是「富樓那彌多羅尼子」，他是淨飯王國師的兒子，在佛陀離宮出城的那天夜裡，他也和三十個朋友同時出家，一起到喜馬拉雅山上去修行，直到佛陀成道，在鹿野苑傳道說法時，他才皈依佛陀。

富樓那善於分別義理，演說佛陀教法，稱為「說法第一」。根據《雜阿含經》卷第十三的記載，西方的輸盧那人暴戾成性，富樓那取得佛陀的允許，前往該國說法，教化他們，並在那裡建立了五

●說法第一：富樓那

●論議第一：迦旃延

●天眼第一：阿那律

●持戒第一：優波離

●密行第一：羅睺羅

百座大小寺院，最後，富樓那就在輸盧那國過世。

●論議第一：迦旃延

迦旃延，又稱作「摩訶迦旃延」、「大迦旃延」。根據《佛本行集經》卷第三十七的記載，迦旃延曾經跟著他的舅舅阿私陀仙人學習吠陀經典；後來，阿私陀仙人在佛陀出生時，為佛陀看相，預言佛陀將來必能求得正道，所以，在阿私陀仙人臨終之前，就叮囑迦旃延將來一定要皈依佛陀。迦旃延善於解說佛陀教法，眾弟子有疑難時，經常向他請教，在佛弟子中稱為「議論第一」。

●天眼第一：阿那律

阿那律是佛陀的堂弟，他是在佛陀成道之後，返回故鄉迦毘羅衛時，皈依佛陀的。在《增一阿含經》卷第二十中說到，有一次，佛陀在舍衛國祇樹給孤獨園對眾人說法，阿那律卻在其間睡著了。佛陀問他：「你不是為了要脫離生死苦惱，才出家學道的嗎？為什麼會在說法中睡著呢？」於是阿那律慚愧地在佛陀面立誓：「從今以後，就算我的身體朽爛，也絕對不在佛陀跟前睡著！」從那時起，阿那律便經常通宵達旦地用功，不肯睡覺，後來竟至失明。雖然失明了，仍用功精進，最後修得了天眼神通，所以被稱為「天眼第一」。

●持戒第一：優波離

優波離是迦毘羅衛國人，出身於最低賤的首陀羅種姓(奴隸)，曾經是宮廷中的剃頭匠。當佛陀成道返回迦毘羅衛時，王子跋提等七個人皈依佛陀出家，優波離也在同時一起出家。優波離非常專精於戒律的研究，自己更是修持嚴謹，所以被譽為「持戒第一」。「戒」是指為出家及在家弟子制定的規範，防止不好的行為；而「持戒」，就是護持戒法的意思。後來，在佛陀涅槃後的第一次佛典結集中，就是由優波離誦出佛陀的戒律。

●密行第一：羅睺羅

羅睺羅，又譯作「羅怙羅」等，是障礙的意思，是佛陀出家前，身為太子時所生的兒子。他是在佛陀成道後，回到迦毘羅衛時皈依佛陀，成為第一個沙彌弟子。羅睺羅剛出家時，還難改小孩子的本性，所以經常受到佛陀的訓誡；後來，他嚴守戒律，用功修道，所以被稱作「密行第一」。「密行」是指非常小心謹慎地護持各種大大小小的戒行。

◎相關經典：
增一阿含經卷三‧弟子品／雜阿含經卷第二十三

佛經中常提及佛陀對「千二百五十人俱」說法，這些人指的是誰？

三皈依

「三皈依」就是皈依三寶：皈依佛，皈依法，皈依僧。這是進入佛教的初步儀式，表示正式做一個佛弟子，也稱為三寶弟子。

皈依二字可解釋為依靠、救度、恭敬。三皈依淺白地說：「我依靠佛陀，我依靠教理，我依靠僧伽引導，正信佛教。」因為佛陀是覺者的示範，為眾生的大導師；教理是指示走上人生正道的佛法；僧伽是引導眾生的比丘。

> 如是我聞。一時，佛在舍衛國，祇樹給孤獨園，與大比丘僧千二百五十人俱。皆是大阿羅漢，眾所知識：長老舍利弗、摩訶目犍連、摩訶迦葉⋯⋯
> ——《佛說阿彌陀經》卷第一

「千二百五十人俱」意思是說有一千二百五十人之多，他們是已開悟了的阿羅漢，也是佛陀的「常隨眾」，當佛陀走到哪兒講經說法，他們就跟到哪兒去聽法。這一千二百五十人是最早的僧團，由此，佛教建立了體系化的組織。

▌僧團的成立

佛陀成道後，先是在鹿野苑向當初和他一起修苦行的五比丘說法，他們五個人當時都皈依佛陀，成為佛陀最早的弟子，加上佛陀自己，共有六個人，可算是僧團最早的起源。

之後，佛度化了富家子弟耶舍和其親友加入僧團，這時僧團增加到六十人。後來，在前往王舍城的路上，佛又度化拜火教領袖迦葉三兄弟，他們帶領著近千名弟子加入。隨後，在王舍城裡，舍利弗和目犍連也帶領著二百五十名伙伴一起皈依佛陀，這時，僧團的總人數大約有一千二百五十人左右；這些人可視為佛教成立初期的基本核心成員，佛經中經常提到佛陀對「千二百五十人俱」一起講經說法，指的就是這批人，因此稱為「常隨眾」。當然，這並不是指說釋迦講經時只有一千二百五十個比丘來聽，另外還有很多的比丘、比丘尼、男女居士(優婆塞、優婆夷)也都在法會聽講。

隨著出家眾陸續加入，僧團組織也越來越龐大，基本上，僧團除了可以約束規範僧人行為活動之外，還具有三項功能：

1.堅定僧人的信仰修行：透過僧人之間的彼此學習、聆聽佛陀親自的教誨等等，堅定出家眾的

比丘像 隋代（581-618）
敦煌莫高窟第280窟壁畫
佛在世時，有一千二百五十個比丘跟隨聽法，稱為「常隨眾」，也是佛教最早的僧團體系。

自我修行。

2.救度眾生、淨化社會的功能： 向大眾宣揚佛法真理，讓人們離苦得樂，獲得和平幸福。

3.傳續佛法： 隨著僧團組織的世代相傳，可以讓佛法不斷傳衍下去。

佛陀時代的隨行僧眾有一千二百五十人，今日法水遍流，世界各地僧眾廣布，繼續追隨著佛陀的腳步。(吳進生攝)

僧團組織結構

　　僧團，又稱教團，梵文稱「僧伽」(Sangha)，原意是指眾人聚集在一起。僧伽一詞在佛教興起之前，其實就已經在印度社會中普遍流行使用了，當時一般的修行團體和宗教，也都稱為僧伽。

　　佛陀開始說法之後，也就有了自己的僧伽組織。

　　狹義的僧團指「出家五眾」，廣義上的僧團則是指「出家五眾」與「在家二眾」，包括：

1.沙彌：未受比丘戒的出家少年。
2.沙彌尼：未受比丘尼戒的出家少女。
3.比丘：正式受戒的出家成年男性。
4.比丘尼：正式受戒的出家成年女性。
5.式叉摩那：又稱「學法女」，指女性剛出家時需經過學法並接受觀察的一段時間，以確定是否在出家前已懷有身孕。
6.優婆塞：男性居士。

7.優婆夷：女性居士。

　　前五個是出家五眾，後二個是在家二眾。出家、在家都有必須受持遵守的戒，而出家眾則還要遵守僧團團體生活的規範——也就是律。

　　僧團以比丘、比丘尼為弘揚佛法的中心，在家信眾則要聽從僧侶指導與協助來修道。

第一座佛教寺院在哪兒？
哪一座寺院是用黃金鋪造出來的？

結夏安居

印度的乾季和雨季非常分明，每年的三月底進入酷暑，四月五月間，氣溫高達攝氏45到50度之間。六月至九月間，是長達三個月的雨季，大量的雨水經常會造成各地河水氾濫。

因此，每年到了雨季，僧伽無法四處遊行說法，必須聚居一處共同修行，稱為「安居」，又叫作「夏安居」、「雨安居」、「結夏」、「坐夏」等。安居的制度從古婆羅門教就開始了，佛教也沿用了這樣的制度。

在安居之前，一定要先「結界」。「結界」，就是劃定一個特定的範圍，在結夏安居的時間，所有的僧眾只能夠在這個範圍之內活動。安居的第一天稱為「結夏」，結束的那一天稱為「解夏」。在安居的最後一天，僧眾們必須反省自己的修學心得，檢討自己的行為，所以又稱為「自恣日」；又因為這樣精進用功，會使佛陀高興，因此也稱作「佛歡喜日」。

舍衛城的祇樹給孤獨園，佛陀住處的遺跡。(吳進生攝)

長者白佛：「但使世尊來舍衛國，我當造精舍僧房，令諸比丘往來止住。」爾時，世尊默然受請。──《雜阿含經》卷第二十二·第592經

佛教史上第一座寺院林園是「竹林精舍」，它的建造讓當時的僧團生活有了很大的改變。

▌竹林精舍

寺院，又稱精舍或僧院，是僧侶所住的屋舍。竹林精舍位在王舍城的北方，據說是佛陀剛得道後，前來向摩揭陀國頻婆娑羅王說法。頻婆娑羅王在歡喜地聽講了佛陀說法之後，就興高采烈地向佛陀建議，要將王舍城北方的迦蘭陀竹林園，做為佛陀安居說法的場所，並建造房舍，讓僧團都能在此清修。另有

王舍城的竹林精舍遺址，這是最早的佛教寺院，佛曾在此為廣大眾說法。(吳進生攝)

一說是王舍城裡的大富翁迦蘭陀長者(Kalandaka)，在一次機會中聽到佛說法後，便將自己的一塊地奉獻給佛安居使用，因此，這寺院又叫做「迦蘭陀竹林精舍」。

以現在眼光來看，建造寺院是理所當然的事，不過在當時，這可是一項引人非議的創舉。在當時的印度，出家人的傳統是四處遊方，不住屋舍的；他們不是住在林間、洞穴，就是住在墳墓堆裡，這樣的苦行生活是他們贏得人們敬重的地方。然而，佛陀初成道後，帶著一千二百五十個追隨比丘，卻開始有了屋舍。雖然佛陀並未有定居寺院的打算，平日僧團們仍舊四處遊方，托缽乞食，只有在每年「結夏安居」時才在寺院裡說法共修，不過，此舉卻已經打破了傳統出家的行逕。

佛陀是了不起的領導者，他明白往後不再是自己一個人獨自修行，有越來越多的人將加入這個求道的團體，為了僧團長遠的發展，為了僧眾的修行，他必須要有所變革，接受精舍供養就是必要且適切的。

▌祇樹給孤獨園

另一座有名的寺院是「祇樹給孤獨園」，整個林園用黃金打造而成

的。到底是誰有那麼大的魄力呢？

　　有一回，佛陀正在王舍城的竹林精舍說法，有一位從北方舍衛城專程來聽佛陀說法的須達多長者，他聽到佛陀說法之後，非常希望能夠邀請佛陀到舍衛城去講法，他要為佛陀在舍衛城建立一座精舍僧房，讓比丘眾往來居住，佛陀同意了他的邀請。

　　當須達多長回到舍衛城時，開始到處地尋找建造精舍的園林，後來發現祇陀王子的園林最適合建造精舍，然而祇陀太子卻傲慢地拒絕他，除非他能夠用鋪滿整座園林的黃金來購買這座園林。沒想到須達多長者真的用一頭一頭的大象將黃金運到太子的園林，鋪滿了每一寸的土地；祇陀太子被須達多長者的至誠所感動，便說：「既然你將所有土地都買去了，我便將地上的樹林都獻給佛陀。」

　　由於供獻黃金的須達多長者又名為「給孤獨」，供獻樹林的是祇陀王子，所以，後來這座用黃金打造的精舍就命名為「祇樹給孤獨園」，簡稱「祇園精舍」、「祇洹精舍」、「祇陀林」或「祇園」，建造時間約在佛陀成道後五、六年左右。

　　「祇園精舍」和「竹林精舍」並稱當時佛教在恆河南北的兩大傳教中心，許多佛陀的重要經典，都是在這兩座精舍中向眾弟子宣說的。

■ 佛陀時代的重要精舍

　　佛陀在世時足跡遍及恆河兩岸，所到之處，大都有地方人士建造寺院，供佛陀說法修行，其他重要寺院還包括：位於恆河北岸吠舍離城的「大林精舍重閣講堂」、舍衛國的「東園鹿子母講堂」、王舍城的「靈鷲山」(又譯作「耆闍崛」)、跋蹉國憍賞彌的「瞿師羅園」等等。

　　大林精舍重閣講堂有大片廣大森林，從迦毘羅衛國延伸到喜馬拉雅山，所以被稱為「大林」。在《大唐西域記》卷第七中還曾經提到，重閣講堂附近有一個「獼猴池」，據說當佛陀在這個地方說法時，曾有獼猴奪走了佛陀手中的缽，到樹上採取蜜汁來奉供佛陀，所以稱為「獼猴池」。特別值得一提的是，佛陀第一次收比丘尼——大愛道，就是在大林精舍；而佛陀生前最後一次公開說法也是在大林精舍。

◎相關經典：佛本行集經卷第四十四‧布施竹園品／四分律卷第五十‧房舍揵度初／方廣大莊嚴經卷第十二／普曜經卷第八／根本說一切有部毘奈耶破僧事卷第八／佛所行讚卷第四‧化給孤獨品、受祇桓精舍品

上圖：
祇樹給孤獨園精舍的遺址
(吳進生攝)

下圖：
**給孤獨建精舍浮雕　1世紀
印度珊奇(Sanchi)佛塔**
圖中三間精舍以三角構圖鼎立，精舍中的金剛座象徵佛陀，有六位弟子合掌禮拜。而給孤獨長者就坐在畫面中央的下方。(吳進生攝)

佛陀爲何要制定戒律？

八戒與十戒

後世佛教戒律的發展非常繁複細緻，名目衆多。如「八戒」，又稱爲「八關齋戒」，這是佛陀專爲在家弟子所制定的短期出家規定；其中除了根本五戒的內容之外，又多了「不用華麗的飾物裝扮自己，不觀看歌舞等娛樂表演」、「不坐臥在豪華富麗的床椅之上」，以及「不在不是用餐的時間隨便吃東西」(其實也就是所謂的「過午不食」)。

另還有「十戒」，則是針對出家的小沙彌和沙彌尼所制定的戒律，內容就是將上述「八戒」中的「不用華麗的飾物裝扮自己，不觀看歌舞等娛樂表演」拆爲兩條，再加上「不儲蓄金銀財寶」而成的。

此外，一般出家的比丘和比丘尼，則應該要受持「具足戒」，又稱作「大戒」；其中包括了比丘戒二百五十戒，比丘尼戒三百四十八戒。

舍利弗，我此眾中，未有未曾有法；我此眾中，最小者得須陀洹(小乘初果)。諸佛如來，不以未有漏法而爲弟子結戒。——《五分律》卷第一

■舍利弗請佛陀制戒

「戒」，簡單地說，就是防止人犯錯的一些規定。佛陀成道後，度了許多弟子，出現了僧團組織，但在最初的五年，並沒有制定戒律條文。僧團初立時，佛的大弟子舍利弗與佛商量制定僧團戒規，佛卻以上面的話語回答他。佛的意思是說，不願小看他的弟子們，弟子們尚未做出違背佛法的行爲之前，如果預先制戒，那就像給尚未犯罪的人預先加上枷鎖一樣。

■最早的戒律

不過，佛陀還是會爲皈依的弟子講說戒法，那時說的是「五戒」。「五戒」指的是不殺生、不偷盜、不邪淫、不妄語和不飲酒。這五戒並不是佛陀獨創的，在印度當時的一些宗教信仰中，也都有五戒的規定，雖然詳細的戒律有些不同，不過也都是大同小異的。「五戒」在佛教是很重要的，後來的戒律基本上都是由五戒延展來的，所以，這五戒又稱爲「根本五戒」。

佛陀成道後第五年，有一次，佛陀帶領著弟子來到吠舍離說法教化，其中有一名弟子叫做須提那，他原本就是附近吠舍離伽蘭陀村的人，所以就順便回家去探視家人。誰知道，他回家之後，竟然與出家前結婚的妻子發生了性關係；事後他自己也深感懊悔，於是便向佛陀懺悔。另一方面，佛陀也感覺到，隨著弟子的逐漸增加，的確有制定戒律的需要了。當然，戒律的制定，並不是一次就全部完成的，而是隨著一些事件的發生，由佛陀加以處理裁決，就成了一個案例，再慢慢整理成逐條的戒律。

一心向道的人，依法而行，身心自然清淨，自然不犯戒。但道心軟弱的人，須以戒律來幫助他向道，並且用以維護僧團的聲譽、形象。

隨著僧衆、弟子的不斷增加，佛陀才制定了戒律來幫助人們向道。(佛光山提供)

誰是第一位出家的比丘尼？

**無上佛世尊，理當受崇敬，將我與眾生，引導出苦海。
苦諦已覺知，貪欲已止息，如實知滅諦，住於八正道。**——大愛道長老尼偈

釋迦牟尼得道弘法以來，做了許多椿顛覆社會的事，像是打破階級制度，讓奴隸階級也可以聞法開悟；接受精舍的布施，讓僧團得到供養；接下來，讓女性加入僧團更是驚世駭俗，其間的過程頗為曲折！

第一位提出想要加入僧團出家的女性是釋迦牟尼的姨媽，同時也是他的繼母——摩訶婆闍波提夫人(Mahaprajapati)，又譯作「大愛道」或「瞿曇彌」。釋尊從小生母早逝，由大愛道撫養長大，可說是與佛陀最親近的親人了。

趁著一次佛陀回到家鄉說法，大愛道三度帶領釋迦族婦女，向佛陀請求加入僧團，出家修行，但都被佛陀拒絕了。佛陀這樣回答她們：「你們應在家清淨修行就可以獲得平安快樂，不必出家做僧侶。」佛陀的考慮是當時的印度社會並沒有女性出家的環境，女性出家人托缽遊行，恐怕會遭到很大的困難與不便。

大愛道並未因此放棄出家的念頭，她和數百位婦女為了展現決心便自行剃除了頭髮，換上修行的服裝，再去懇求佛陀。不料佛陀已先行離去，大愛道一行人便一路追趕佛陀，最後來在吠舍離的林子裡追趕上佛陀，可是佛陀依舊不答應她們的請求。後來，還是經由弟子阿難居中，多次向佛陀爭取，請佛陀念在大愛道的撫育之恩上，接受女眾出家，佛陀才終於答應讓大愛道出家修行。從此，僧團開始有了比丘尼。

佛陀這樣的決定自然引起社會軒然大波，卻為女性出家修道開啟了大門。不過，佛陀也提出了條件：比丘尼必須要遵行「八敬法」，基本上包括了：女眾出家受戒必須要經過比丘僧的同意；比丘尼應該定期向比丘請教戒法；比丘尼不可辱罵比丘；比丘尼不可指稱比丘所犯的錯誤等。

以現代觀念來看這八敬法，會覺得這些規定帶有男女不平等的思想，平心而論，我們應該將它放回到佛陀時代的印度社會來看待，才能體會佛陀制定八敬法的理由與心情。現在看來理所當然的男女平等，在二千五百年前，可就像登陸月球那樣不可思議，佛陀當年的慈悲心量與偉大擔當是令人讚嘆的。

**比丘尼 元代 (1271-1368)
敦煌莫高窟第 61 窟甬道壁畫**
佛陀時代准許女性出家，讓僧團有了比丘尼。圖中比丘尼著灰色長衫，雙手合掌持花，屈腰佇立。

◎相關經典：
中本起經卷下．瞿曇彌來作比丘尼品／大愛道比丘尼經／中阿含經卷第二十八．瞿曇彌經第十／四分律卷第四十八．比丘尼揵度第十七

佛教史上第一椿
叛教事件如何發生的？

佛陀七十歲那年，發生了弟子提婆達多(Devadatta)叛教，造成僧團分裂，這是佛教史上第一椿叛教事件。

提婆達多原是阿難的哥哥，也是佛陀的堂弟，早年出家時，用功精進，後來起了野心，企圖謀奪僧團的領導權。

提婆達多喜歡濫用神通力，他運用神通力取得摩揭陀國阿闍世王子的崇拜與金錢供養；還介入了摩揭陀國的政變，支持阿闍世王子拘禁他的父親頻婆娑羅王，篡奪王位。

提婆達多幫阿闍世謀奪政權後，接下來就要進行他自己的奪權陰謀了。提婆達多仗著摩揭陀國阿闍世王的王威，要佛陀交出僧團的領導權，佛陀當下斥喝：「我不攝眾！」這是說領導教團的，不是佛陀這個人，而是佛陀的教法和戒律。狡猾的提婆達多圖謀不成，一方面想盡辦法謀殺佛陀，另一方面又藉口對於佛陀修行的方式有意見，主張僧團應採行更嚴格的苦行，他提出的五點主張包括：一者盡壽著糞衣(終生只穿糞掃衣，不接受布施的喜捨衣)；二者盡壽長乞食(終生托缽乞食，不受供養)；三者盡壽唯一坐食(終生奉行一天只吃一餐)；四者盡壽常居迥露(終生只在野外居住)；五者盡壽不食魚肉血味鹽穌乳等(終生不吃魚、肉、鹽、乳)。

提婆達多提出的五種修行方式，在當時尊重苦行風尚的社會裡，很快得到了附和與支持，許多比丘紛紛起而跟著提婆達多起哄，最後，提婆達多帶著這批附和的比丘離開了僧團，另闢門戶。

仔細分析提婆達多的主張，他的見解並未提出思想教義上的獨特見解，只是單純地制欲，而未導入於生命智慧層次的領域，這在佛法來說，是不圓滿的。佛陀是從苦行修持的領域中走出來，然後才開悟解脫的過來人，苦行的利弊得失，他當然了然於胸。佛陀並非反對苦行，他認為苦行只是眾多法門中的一個，像大迦葉就是佛陀推崇的苦行典範。苦行適合某些人，但並不是全體修持者都適合，如果知見不正確，只是一味地身體苦行，還是無法到達智慧解脫的境界。

舍利佛與目犍連相繼入滅，佛陀感傷之餘，對弟子說了什麼？

我先已說，一切可愛之物皆歸離散，我今不久亦當過去。是故，汝等當知：自洲以自依，法洲以法依，不異洲不異依。

——《雜阿含經》卷第二十四·第639經

釋迦坐像 東魏（534-550）
山西天龍山
山西太原天龍山石窟的坐佛，是南北朝時代的造像風貌，此時期的造像已逐漸脫離印度、西域的影響，而開展出中國風貌。(王露攝)

▌人間無常

佛陀大約活到了八十歲，在他七十歲之後的這十年之間，僧團與環境發生了一些重大事件，這些事情讓佛陀顯得寥落，但卻也是「人間無常」的寫照。像是提婆達多叛教讓僧團元氣大傷；他的故鄉迦毗羅衛國遭到憍薩羅國併吞，釋迦族遭到滅族的命運；兩位一生極力護持佛教又是好友的國王——摩揭陀國的頻婆娑羅王和憍薩羅國的波斯匿王，都被自己的兒子篡位，陸續過世。世事變遷流轉，對年邁的佛陀真是情何以堪！儘管如此，佛陀和弟子們仍繼續他的遊方傳法，直到最後的歲月。

▌以己為洲，以法為洲

這當中，最讓佛陀傷心與落寞的莫過於兩大弟子舍利弗和目犍連相繼入滅。

舍利弗和目犍連一直是佛陀最器重的助手，對於佛教傳布有重要貢獻，《中阿含經》裡甚至比喻他們兩個是眾比丘的「生母」和「養母」，可見得他們在僧團中的地位。舍利弗是重病身亡，目犍

連雖然號稱神通第一，卻被外道用亂石打死。他們的過世對佛陀衝擊很大，在《雜阿含經》卷第二十四有詳細描述。

那時，佛陀住在摩偷羅國（或譯為「秝菟羅」）跋陀羅河邊的菴羅樹林中，舍利弗和目犍連剛剛過世不久，佛陀在一次聚會中對眾弟子說：「比丘們啊！如今我看著你們，心底卻生起一種空虛感覺，因為舍利弗和目犍連都已經不在了啊！我的眾弟子之中，就是他們兩個人最善於說法。這世界上有兩種財寶，一種是錢財，一種是法財；錢財可以從世人身上得到，但佛法的真理之寶，卻是由舍利弗和目犍連身上廣傳出去的啊！」

接著，佛陀安慰悲傷的弟子：「就像一棵大樹，當它要枯萎時不一定是從根開始，有時會從枝葉開始枯黃、掉落，雖然我仍住世，很需要弟子來輔助弘揚佛法的教育，但是人生性命的長短必須看個人與世間的因緣而定，我也無二致；現在他們二人走了，不就好像那棵大樹的枝葉先枯萎、掉落了。」

從舍利弗和目犍連的離開人間，年邁的佛陀也意識到自己也將要捨離這群弟子，所以又說了一段重要的說法：「人生的過程、天下的萬物也是這樣，都是由因緣和合而成的，終將歸於消散，要它不分離怎麼可能呢？不久的將來我也將離去，因此，比丘們啊！要『以己為洲，以法為洲。』以自己作為自己的島嶼，以法做為自己的庇護所，不要尋求外在的依靠和庇護。」

生、死是人生正常的過程，即使是佛陀和他的弟子也都必然經歷，只有不斷精進持守生命之道，才能超越生死的愁苦！

◎相關經典：增一阿含經卷第十八、二十六／大方便佛報恩經卷第五・慈品

佛陀返國
印度阿占塔(Ajanta)第17窟壁畫
畫中描寫佛陀返回故鄉，會見妻兒的感人畫面。成佛後的佛陀特意被描繪成身材高大，面對妻小還是流露出人性的光輝。(吳進生攝)

廣告回函
北區郵政管理局登記證
北台字第10158號
免 貼 郵 票

100

台北市信義路二段213號11樓

城邦文化事業股份有限公司

橡樹林出版事業部 收

姓名：

地址：（郵遞區號） 市/縣 鄉/鎮/市區

路/街 段 巷 弄 號 樓/室

橡樹林出版●讀者服務卡

感謝您對橡樹林出版社之支持,請將您的建議提供給我們參考與改進;請別忘了給我們一些鼓勵,我們會更加努力,出版好書與你結緣。

Yes！■我希望收到橡樹林出版之相關書訊。 （□尚不需要書訊,謝謝！）

■您此次購書書名：

■您的電子郵件信箱 E -mail：

■性別：□1.男 □2.女　　■生日：西元　　　年　　　月　　　日

■教育程度：□1.碩士及以上□2.大學大專□3.高中職□4.國中及以下

■宗教信仰：□1.皈依佛教徒□2.受洗基督教/天主教徒□3.對佛教有好感但尚未皈依□4.對基督教/天主教有好感但尚未受洗□5.道教□6.尚無特定信仰□7.其他：

■職業：□1.學生□2.軍公教□3.服務□4.金融□5.製造□6.資訊□7.傳播□8.自由業□9.農漁牧□10.家管□11.退休□12.其他：

■您從何處得知本書消息？□1.書店□2.網路□3.書訊□4.報紙雜誌□5.廣播電視□6.道場□7.讀書會□8.他人推薦□9.圖書館□10.其他：

■您通常以何種方式購書？

　　□1.書店□2.網路□3.書訊郵購□4.展覽會場□5.其他

■是否曾經買過橡樹林的出版品？□1.沒有

　　□2.有，書名：

■您會選擇本書是因為：(可複選)

　　□1.主題□2.作者□3.書名□4.他人介紹□5.他人贈送

　　□6.其他

■您希望我們未來加強出版哪一種主題的書？(可複選)

　　□ 1.佛法生活應用□2.教理□3.實修法門介紹□4.大師開示

　　□ 6.大師傳記□7.佛教圖解百科

　　□8.其他：

■其他建議：

佛陀最後一次說法旅程到了哪裡？
說了些什麼？

我昔爲汝說何等法，汝思惟之，勿生懈怠。三十七道品法，所謂四念處、四正勤、四如意足、五根、五力、七覺支、八聖道分。汝應修習精勤思惟，此法能令到解脫處。——南傳《大般涅槃經》卷第一

佛陀到了八十歲，身體逐漸衰老，有一回，他向身邊的阿難說：「我已經老嘍，都八十歲了，就好像老舊的車子，要用皮繩牢牢捆綁，才勉強拖得動。」

佛陀晚年的身體確實不好，記得有一回，他對諸比丘說法說到一半背痛發作，以手勢喚來舍利弗繼續爲大家說法！另有一回在迦毘羅衛國說法到夜晚，也因背痛而要阿難代他。儘管如此，佛陀仍拖著老邁病痛的身子，遊行說法，四十五年如一日。

▊最後的旅途

佛陀最後的說法旅程，是從王舍城開始。

他帶著眾比丘離開王舍城，向北踏上旅途，一路上對民眾說法訓誡。渡過恆河，來到了吠舍離，正好雨季來臨。佛陀身體受不了那可

北齊皇建二年比丘惠瓔造佛坐佛七尊像碑之局部
北齊（550-577）
震旦文教基金會收藏
佛陀兩邊有脅侍，由内到外分別是比丘弟子、辟支佛以及菩薩。

怕的酷暑與濕氣，一直病著，全身疼痛，幾乎死去。後世人猜想佛陀患的可能是風濕痛和腸胃病。但他以定力來承受著，心想：我不能不對弟子們做最後的訓誡就此入滅。隨著雨季結束，佛陀的身體逐漸好轉起來，但是他知道，入涅槃已爲時不遠了。

一天，佛陀在樹蔭下憩息，隨侍的阿難說：「世尊呀！慶幸您已痊癒，在您病重那些日子裡，我好徬徨。但想到世尊對僧伽還沒有遺訓，一定不會這樣就涅槃，心中才感到放心。」

佛陀回答他說：「阿難呀！你這樣想是不對的。你們對我還期待什麼呢？我已經把應說的法全說了，並沒有隱瞞什麼奧義。」佛陀繼續說：「而且，阿難呀！我不認為自己是僧伽的領導者，也不認為所有比丘都應該要依賴著我，因此，並沒有道理由我來指定僧伽的繼承人。」最後，佛陀還是強調：「阿難呀！你們應該以自己為洲，依靠自己，不要依靠他人；以法為洲，依靠法，切勿依靠其他。阿難呀！現在或者當我去世後，能夠以自己為洲，以法為洲的人，這人就是僧伽中的最高者。」

▌最後的說法

佛陀生前最後一次向僧眾們的公開說法，是在吠舍離城的大林重閣講堂。在這次聚會中，佛陀將自己以往所說的教法作了一個總結。他說：

「比丘啊，我昔日為你們宣說的清淨之法，要經常思惟持守，不可怠廢，這樣才可以饒益人天眾生。什麼是我常宣說的呢？就是這三十七道品，也就是四念處、四正勤、四神足、五根、五力、七覺支以及八聖道。你們要精勤思惟，便能得到清淨解脫。還有，世間萬物都是因緣合和，終有壞滅之時，人的生命也脆弱如閃電一般，你們不可放逸，要精進修持！如來離涅槃已近，即將入滅了。」

◎相關經典：
中阿含經卷二十二．穢品求法經第二／增一阿含經卷第十八／長阿含經卷第二～四．遊行經

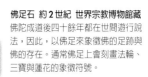

佛足石 約2世紀 世界宗教博物館藏
佛陀成道後四十餘年都在世間遊行說法，因此，以佛足來象徵佛的足跡與佛的存在。通常佛足上會刻畫法輪、三寶與蓮花的象徵符號。

檔案 *29*

佛陀涅槃前，
最後的遺教叮囑些什麼？

一切因緣和合法，必定敗壞，大家應自精勤，不要放逸！

——南傳《大般涅槃經》

佛陀生前最後一次向僧眾們的公開說法，是在吠舍離城的大林重閣講堂。然後，佛陀便帶領著弟子們向拘尸那城走去，展開佛陀涅槃前的最後一段遊方旅程。一路上佛陀依然被病痛折磨著，行程走走停停。

▌最後的午餐

一天，佛陀一行人到末羅國的波婆村，村裡有一個鐵匠純陀，是佛陀的在家弟子。純陀準備了豐盛的午餐來供養佛陀。據說，純陀供養的食物中，有一種「旃檀耳」的菌類，佛陀吃了之後，腹痛如絞。佛陀知這食物有問題，告知弟子，只有他可吃這食物，要將這食物拿去埋在土裡，任何人都不准吃。隨後，佛陀知道自己的時間已經不多了，就催促著阿難趕緊啓程到拘尸那城。

▌最後的弟子

最後，佛陀一行人來到拘尸那城的娑羅樹林，佛陀要阿難在兩棵娑羅樹間用僧伽梨(大衣)鋪席做枕，好讓他可以側臥躺下。當時一位外道名叫須跋陀羅來求見佛陀，佛陀勉強支撐身體向他說法，成爲此生中度化的最後一名弟子。

▌最後的遺言

根據《根本說一切有部毗奈耶雜事》卷第三十七的記載，這時，阿難站在佛陀身邊，看到佛陀似乎就要進入涅槃了，不禁痛哭失聲。阿難一生服侍在佛陀身邊的時間長達二十多年，佛陀對於阿難來說，如兄如父；如今，佛陀將要離開他了，他的心情，我們彷彿可以想見。也難怪，經中記載著，這時阿難難忍悲痛地喊著：「爲什麼世尊這麼快就要入涅槃了？世界好像轉眼間就要毀滅了！」

佛陀安慰阿難：「萬法自性仍歸於滅，人人有生必有死，我的肉體怎能永存呢？我這段生命，必須循著自然法性而歸於寂滅。」阿難聽了，不禁流淚！

 什麼叫涅槃？

佛陀的死，稱為涅槃。

「涅槃」，梵語nirvana，又譯做「滅度」、「入滅」，是「滅盡了一切煩惱，渡過了生死海」之意；又叫做「圓寂」，是「具備一切功德，平息一切煩惱」的意思。

佛陀進一步闡明說：「解脫不動，是最後之生，以後無有再生。」也就是：「我生已盡，梵行已立，所作已作，自知不受後有。」（《雜阿含經》卷第八·第200經）用白話說就是：「一切修行已經功德圓滿，生命的輪迴到今生為止，以後不必再受苦受難了。」這就是「涅槃」最初的含意。

「涅槃」是佛教徒修行嚮往的最高境地，不過，涅槃是一種境界，無法用言語形容，如人飲水，冷暖自知。「涅槃」的境界，當然有可能在今生完成，像佛陀就做到了。但是絕大多數的修行者，無法在今生達到涅槃。然而，不能在今生證入涅槃，並不表示他的修行一無是處，因為在以後的世代裡，仍然可以續繼修行，貫徹完成。

阿難心中依舊萬分不捨佛陀棄世,他問道:「佛陀住世時,我們依佛陀為師,佛陀涅槃後,我們該依誰為師?佛陀住世時,我們依佛陀安住,佛陀涅槃後,我們該依什麼安住?佛陀住世時,惡性比丘有佛陀調伏,佛陀涅槃後,惡性比丘,如何調伏?佛陀住世時,佛陀的言教,大家都相信,佛陀涅槃後,如何才能叫人起信?」

佛陀叮嚀說:「你們要好好記著:我涅槃後,應依戒律為師;我涅槃後,應依四念處安住;我涅槃後,對待惡性比丘,應『默擯』(不與之往來談話)對待;我涅槃後,一切經典首句應安『如是我聞』等證信的句子。」

阿難和眾弟子在佛陀身旁默默流淚,佛陀說:「你們不必悲傷,我一生所說的教法已經很多,只要你們依照著去實行,就是我的法身永遠在人間了!」就在這時,佛陀從容安靜的入滅了。

到半夜時分,當佛陀即將入涅槃的時候,又對圍繞在身邊的眾弟子們做了最後的教誡:「眾比丘們!修行的生活是不能夠放縱自己任意而為的,我就是因為嚴屬地約束自己,最後才能夠求得正道。世間的一切善行,都是來自於精進修行,努力不懈。而一切萬物終究都是無常虛妄,千萬不能心存執著。」(《長阿含經卷第四・遊行經》)這就是佛陀生前最後的遺言,說完,佛陀便離開人世了。佛陀生前最後所說的話,在不同的經典中有著不同的記載,都是一再地叮嚀弟子們,應

釋迦涅槃浮雕 5 世紀
印度阿占塔(Ajanta)第 26 窟内壁
雄偉的釋迦涅槃浮雕,全作長 7
公尺多。釋迦佛隅角含笑,神態
平靜祥和,空中有天神奏樂,而
台座上的弟子則個個悲痛不已。
(鄭永華攝)

該要努力修行，精進不懈，同時不要執著於無常變化的世間萬物。

隨著佛陀的入滅，梵天、帝釋、阿難、阿那律等等人天眾生，都來哀悼如來而各自吟唱了詩偈。當時，帝釋天唱了有名的〈無常偈〉：

諸法無常 (諸行實在是無常)

是生滅法 (是有生必有滅之法)

生滅滅已 (生與滅寂滅了)

寂滅為樂 (寂滅就是安樂)

◎相關經典：
長阿含經卷第二～四‧遊行經第二初、中、後／長阿含經卷第八～九／佛說月光菩薩經／根本說一切有部毗奈耶雜事卷第三十七～三十八／大般涅槃經／佛所行讚卷第五

佛陀荼毘後所得之舍利，引發一場怎樣的爭奪戰？

> 時，拘尸國人得舍利分，即於其土起塔供養。波婆國人、遮羅國、羅摩伽國、毘留提國、迦毘羅衛國、吠舍離國、摩竭國阿闍世王等，得舍利分已，各歸其國，起塔供養。——《雜阿含經》卷第四

釋迦牟尼涅槃後舉行火葬的荼毘場遺址。(吳進生攝)

佛陀在娑羅雙樹下入滅之後，由拘尸那城的末羅族人所供養禮拜。七天之後，佛陀的遺體被運到城東的天冠寺，準備舉行葬禮。

當時佛陀的葬禮非常隆重，根據經上的記載，是採行「輪王葬法」，也就是以對待「轉輪聖王」的儀式，來為佛陀舉行葬禮。「輪王葬法」就是用白綢布重重裹身，然後再放入裝滿香油的金棺中，再堆積香木焚燒金棺，最後用牛乳澆熄餘燼。這個火化的儀式，又稱做「荼毘」。當時為佛陀主持荼毘大典的，就是在佛陀入滅後趕到的弟子大迦葉。

■八國爭舍利

佛陀的遺體在火葬之後，留下了不少舍利。所謂「舍利」，梵語 sarira，是身骨或遺骨的意思，其實就是火葬之後留下的結晶顆粒。佛陀在當時算是有名的宗教領袖，所以便引來八個國家前來爭奪佛陀舍利。後來，經由一位婆羅門的居中協調，勸告大家如果為了爭奪佛舍利而興起兵戎，便違背了佛的教誨，因此由他建議，將佛舍利分為八份，分別由八國帶走。這八國包括拘尸、摩揭陀、吠舍離、迦毘羅衛、羅摩伽、毘留提、遮羅和波婆等。

各國為了供奉佛舍利，紛紛建造舍利塔。「塔」，又譯為「窣堵波」(stupa)，一般的舍利塔都是建造在交通便利的大街口，以方便讓四方的行人可以瞻仰禮拜。在佛陀剛涅槃時，除了八分舍利的各國所建造的八座舍利之外，還有當初用來分配舍利的瓶子，也被供養在「瓶塔」之中。而荼毘大典後燒完的灰炭，也有人造了一座「炭塔」供養起來。

舍利所代表的意涵是佛法正覺的象徵，值得我們景仰，但更重要的是尊敬足以形成舍利的法，而不僅僅是舍利本身。佛的追隨者應該力行這個法，發揚這個法，才是最重要的。

◎相關經典：
根本說一切有部毘奈耶雜事卷第三十八、三十九／佛所行讚卷第五・分舍利品第二十八／十誦律卷第六十／四分律卷第五十四

檔案 *31*

佛陀入滅後，弟子們如何集結他的教訓成為經典？

如是我聞：一時，佛在舍衛國祇樹給孤獨園，爾時，世尊告諸比丘：「當觀色無常，如是觀者，則為正觀。正觀者則生厭離，厭離者喜貪盡，喜貪盡者說心解脫。如是觀受、想、行、識無常，如是觀者，則為正觀。……」時諸比丘聞佛所言，歡喜奉行。 ——《雜阿含經》卷第一·第1經

　　佛陀在世時，並沒有著述任何經典籍流傳下來，目前我們所看到的各種經典，都是佛陀入滅後，經過弟子數次結集，陸續整理出來的。

　　這段話是佛陀在世的親身言教，佛涅槃後由弟子阿難尊者記誦下來，流傳後世。當時印度社會尚未普遍使用文字記錄，佛陀傳法都是口傳心授，反覆念誦，弟子們用心牢記。

　　那麼，我們現在閱讀的經典又是如何產生的呢？這要從佛陀入滅後的「五百結集」說起。這是由弟子大迦葉召集的會議，共有五百位阿羅漢參加。

▌五百結集

　　「五百結集」起因是這麼來的：

　　當佛陀涅槃之後，許多比丘仍在傷心喪失導師的時候，有一位懈怠退惰的比丘卻高興地說：「別傷心了，以前我們被這個大沙門管的死死的，一點自由也沒有，現在，他死了，再也不會有人來管我們該做什麼、不該做什麼了，這才叫做真正得到解脫了。」佛的弟子大迦葉聽到

尼泊爾的安娜普娜南峰上，常年經旗飄揚。(黃丁盛攝)

吠舍離是佛教史上第二次經典結集的地方。(吳進生攝)

四次結集

印度印度佛教史上共有四次經典結集：

第一次結集：佛陀涅槃後三個月(南傳年代西元前543年，北傳年代西元前480年)，由大迦葉在王舍城的七葉窟召開，即「五百集結」。

第二次結集：在佛陀涅槃後約一百年左右。當時，僧眾對於佛陀的某些遺教戒律，有不同的看法，事件逐漸擴大，因而引發第二次結集。這次結集由耶舍比丘召集了七百名比丘，地點在吠舍離，又稱作「七百結集」或「吠舍離結集」。

第三次結集：此次結集據說是在佛陀涅槃後兩百多年，由孔雀王朝的阿育王在華氏城所召集的。

第四次結集：是在佛陀涅槃後六百年左右，貴霜王朝的迦膩色迦王時代召集的。

後很生氣，心想：「佛才剛入滅，就出現想破戒的比丘，照這樣下去，佛陀的正法將會很快衰敗！」為了防範未然，大迦葉決定結束獨來獨往的苦修，回到僧團，召開結集佛陀正法遺教的會議。

此次結集是在佛陀入滅三個月後的夏安居期間舉行的，為期三個月。大迦葉得到了摩揭陀國阿闍世王的支持，在王舍城外毗婆羅山上的七葉窟，選定了五百名已得解脫道的阿羅漢，舉行結集大會。這是佛教史上首次僧團大團結，又稱為「第一結集」或「王舍城結集」。

會中，由大迦葉做主席，大家推派記憶力超強的阿難背誦出佛陀曾說過的法(即經)，推派由剃頭匠出身的優波離背誦出佛陀所制定的戒(即律)。結集大會中，阿難在大庭廣眾面前說著：「如是我聞，一時佛在……」，依照自己的記憶，逐一說出佛陀的教法，再由大家一起審定、確認，編輯成所有人都認可的定本。由於當時文字記載尚未普及，結集後的經典並非用文字記錄，而是由專門負責背誦經典的僧人傳承下來的。我們所熟知的阿含經、律藏，便是當時傳誦記錄下來的。而後世的經典便是經過一次又一次結集會議所產生出來的。

◎相關經典：大智度論卷第二／彌沙塞部和醯五分律卷第三十／摩訶僧祇律卷第三十二／四分律卷第五十四／十誦律卷第六十～六十一／根本說一切有部毘奈耶雜事卷第三十九

授經說法圖 隋代（581-618）敦煌莫高窟第280窟壁畫

佛陀領悟的「解脫道」究竟是什麼？

此有故彼有，此生故彼生；
此無故彼無，此滅故彼滅。
眾因緣生法，我說即是無。──《中觀論》

　　佛陀在尼連禪河畔的菩提樹下開悟，成為一個全然覺知的智者，接著展開四十多年的教化傳法，他說的是什麼法？他的信仰如何循序漸進地向世人展開？

■緣緣起說

　　佛陀的思想體系以「緣起說」為基礎，往後也成為佛教的核心思想。佛陀在菩提樹下經過長時間的思惟，所體悟的正是這「緣起」。當時，佛陀還曾經一度因為「緣起甚深」，非語言所能傳達，世人難以理解，而不願向世人宣說。

　　根據緣起說，世間沒有一件事物是絕對的。每一件事物都是因緣和合的(由條件構成的)、相對的、互為依存的。這是佛教的相對論，可用四句簡短的公式來表達：

　　此有故彼有，此生故彼生；
　　此無故彼無，此滅故彼滅。

　　用阿羅漢阿說示的另一說法是：

　　諸法因緣生，諸法因緣滅；我佛大沙門，常作如是說。

　　沒有一事一物是絕對獨立的。世間一切事物現象，不論是物理的成、住、壞、空，生理的生、老、病、死，或是心理的生、住、異、滅，都是由於各種必然的因緣(關係)的聚集而成立，也由於各種必然的因緣(關係)的解散而消失。因此，變化才是宇宙的實相。

■無我論

　　「無我」思想，也是在佛教時代才提出來的，它是佛陀親身體悟的真理。佛陀的「無我」，主要是為了糾正當時的人思想上的迷執。換句話說，佛陀的「無我論」，其實是針對當時思想界的「有我論」。印度古代盛行婆羅門教，其教典《四吠陀》是當時思想的淵源，後來出現《奧義書》，與婆羅門階級相抗。在奧義書中，宇宙的本體稱為「梵」，而個人生命有一個恆常不變的絕對實體，就是「我」(另一種說法是靈魂)，

人要解脫必須體證「梵我合一」；這個「我」是亙古長存的，而梵界被視爲最高的歸宿處。佛陀爲了破除這些迷執，便提出「無我」的觀念。

依循緣起說，佛陀認爲，「我」其實也是因緣和合的假象，並沒有獨立實體。由於我們有妄見執著，才會執著於以眾緣所生的「我」，而產生各種苦惱。「無我」便是要跳脫對「我」的執著，從而到達解脫境界。

「緣起」、「無我」，在二千五百年前的印度是很獨特的思想，一般人不容易了解，爲了更清楚闡述這思想，佛陀加以整理組織而成爲人人能夠理解的形式，就是「四聖諦」。 因此，「四聖諦」是體悟緣起的具體表達。

檔案 *33*
什麼是三法印？

諸行無常，諸法無我，寂靜涅槃。——三法印

在原始佛教的教理中，「三法印」是緣起說的思想基礎，是最初的根本佛法。因此，若能理解三法印，也就能把握佛陀的根本思想了。

三法印所揭櫫的宇宙眞理是：

無常性——遷流變異的世界觀(諸行無常)

無我性——相對的人生觀(諸法無我)

無生滅性——人生宇宙的實相(寂靜涅槃)

■諸行無常

這是佛陀印證出的宇宙第一條眞理，用現代話來詮釋就是：世事無常，一切事物都不斷地在變。「諸行」是指一切事物和一切現象；「行」又有遷流、轉變的意思。世間萬象，沒有一樣事物是常住不變的，都是五蘊聚合。所有事物都是在刹那之間遷流、轉變。

　　因為世間一切萬象都是因緣和合而成，隨著緣聚而生，隨著緣散而滅。譬如人有生老病死的現象，山河大地有成住壞空的演變，心念有生住異滅的變化。因此，一切法在時間上都是「剎那不住，念念生滅」。過去的已滅，未來的未生，現在的即生即滅，它是三世遷流不息的，所以說「諸行無常」。佛曾對弟子說：

　　你們當觀察到世間的一切東西都不是永恆不變的，這樣的觀察就是正確的觀察。

　　凡是我們所愛的，終將離去；凡是有生命的，終將死亡。所以不必為美好事物不能常存、變質、敗壞而悲傷痛苦。

▋諸法無我

　　宇宙所有萬象都是因緣和合而形成，都是變遷流動的，人也是一樣，從出生到死亡，每一刻都在變化中，因此，也沒有一個永恆不變的我存在。想想看，我們由出生到死亡，每一分每一秒的我都不一樣，這當中隨著行為、能力、條件而變遷。即使是身心感受，也隨著時空條件不同，而生出快樂、悲傷、痛苦、恐懼、忿怒等情緒。

　　一般人所執著的「我」，其實是色(肉體)、受(感受)、想(思想)、行(意志)、識(心識)等五蘊所聚合，是虛幻不實的，是一種假象，並沒有實體。這就是「諸法無我」。

　　對一般人來說，「無我」並不容易理解，若是能先明白「無常」——沒有永恆不滅的事物，進而明白沒有永恆不滅的我，也沒有任何東西是我可以永恆擁有的。

▋涅槃寂靜

　　如果我們能真的體悟到宇宙中沒有一個永恆不變的實體，也沒有一個永恆不變的我存在，那麼，我們就不會強求違反宇宙真理的事物，也不會因為時空變化不如己意，而讓苦生起，這樣，我們就能到達喜悅、安詳、圓滿的境地，這就是「寂靜涅槃」。

　　這涅槃境地是四聖諦：苦、集、滅、道中的「滅諦」，是破除貪瞋癡，斷滅一切煩惱、痛苦，達到身無惡行、心無惡念，身心俱寂的一種解脫境界。要了知並達到這樣的境地，必須要有正確的人生態度、正確的生活方式和正確的修行，這就是中道，即八正道的實踐。

什麼是四聖諦？

此是苦，此是苦集，此是苦滅，此是順苦滅道。—南傳《相應部》卷第三十一

爾時，世尊告諸比丘：有四聖諦，何等爲四？苦聖諦，苦集聖諦，苦滅
聖諦，苦滅道跡聖諦。——《雜阿含經》卷第十五‧第380經

最早，「四聖諦」是佛陀向他同修的五比丘所說，從那以後，佛陀
傳法教化，都以四聖諦爲核心。它所說的是苦的因由與緣起流轉的觀
念，這是佛法的根本，不論是後來發展出來的小乘佛法、大乘佛法，
也都是以四聖諦爲根本。

日本著名的佛學大師水野弘元曾提出簡單的比喻來看四聖諦：如同
醫生爲病人診療醫病，「四聖諦」是人間佛陀治療人類苦惱所開立的
藥方，用這樣的角度來理解四聖諦就比較容易了。

四聖諦—苦諦：認識人生的實相「苦」→診斷病情症狀
　　　　—集諦：了解苦的根源→找出確切的病因
　　　　—滅諦：滅去苦惱→身體應有的健康狀態
　　　　—道諦：離苦的途徑→開立處方消除病症

▍第一聖諦—苦諦 (診斷苦的現象)

怎麼認識種種的苦呢？佛陀談到人生有八苦，《轉法輪經》記載：
生是苦，老也是苦，病也是苦，死也是苦，與怨憎人聚會也是苦，
與所愛的人離別也是苦，所求不得也是苦。總而言之，五取蘊是苦。

這些人生的苦難，可以歸納成「三苦」，就是苦苦、壞苦和行苦。

1.苦苦：即肉體上的苦，也就是我們常識上所說的痛苦。例如寒暑、
饑渴、生病、受傷時所感受到的痛苦等等。

2.壞苦：即精神上的苦，因自己所愛樂的毀壞而生出的苦惱，例如失
戀、親人過世、花朵凋謝等等所引發的憂愁。以上兩種苦是日常生活
中的共同經驗，容易被人所了解。

3.行苦：由一切的遷流無常(因緣和合)所生起的苦，這是一種微細而
不易察覺的苦，是苦諦中的精髓。例如我們想永遠年輕，卻不知不覺
間變老；想永遠活著，卻不得不死去。所有事物現象的生起存在，都
是相依互存而有的。生起存在是如此，變異與壞滅也是如此，因此說
「諸行無常」、「世間遷流不息，無有恆常」。基於此，人世間任何的
幸福與快樂，在諸行無常下，不能常住，終歸是苦，這就是行苦。

▌第二聖諦─集諦 (找出苦的原因)

苦是怎麼產生的呢？在《增一阿含經》卷第十七裡說：

彼云何名為苦集諦？所謂苦集諦者，愛與欲相應，心恆染著，是名為苦集諦。

佛陀說，苦的原因是「愛與欲相應」，由愛與欲相應而產生了三種愛──欲愛、有愛、無有愛。這三種愛稱作「**渴愛**」，如口渴時要飲水般的強烈渴求，是苦的直接原因。

1.欲愛：是指追求肉體感官上的渴求。

2.有愛：是對於幸福快樂的渴求。

3.無有愛：是對無存在的渴愛，認為現實是苦，為脫離苦而對於虛無境界的渴愛。

佛陀提出三種渴愛的觀念，都與當時印度的社會背景有關。當時印度社會風氣墮落，視感官欲愛的追求為人生最大之幸福，以至於醉生夢死，追求片刻之歡。但另一方面，也有認為現實的存在就是苦，所以渴求無存在的虛無境界。佛陀曾慨嘆：「世人常感不足，夢寐以求，乃成為渴愛的奴隸。」

渴愛一詞的意義，不僅是對欲樂、財富、權勢的貪求與執著，也包括對意念、理想、觀點、意見、理論、概念、信仰等的貪求與執著。世間一切困擾紛爭，小至家庭個人之間口角，大至國與國間的戰爭，無不由這自私的渴愛所引起。這是生命的根本問題，也是社會的根本問題。

▌第三聖諦─滅諦 (解脫苦的理想狀態)

在滅諦中所要闡述的是將渴愛──帶給我們苦惱的根源全部消除，到達解脫、自由的理想境界，這也就是涅槃，是最終的實相。

佛曾說：「熄滅貪愛，就是涅槃。」由於必須徹底斷絕渴愛，因此涅槃又叫做「斷愛」。

涅槃的境界究竟是什麼？佛也只說：「生死相續的止息，就是涅槃。」佛的經典中並沒有更具體說明，因為那種境界是親見親證、經驗體悟來的，而不是說得來的。

▌第四聖諦—道諦 (解脫苦的途徑方法)

雖然苦滅後的涅槃境界是言語說不得的，不過，佛卻提出趨向涅槃的方法，就是四聖諦裡的道聖諦。這道叫做「中道」，因為它是避免兩個極端，恰到好處的。一個極端是放縱欲求，追求感官逸樂；另一個極端是經由各種自虐苦行來達到精神解脫。佛陀自己都親嘗過兩種極端，深知它們對生命有害無益，透過親身證驗，才發現了能夠產生知見、獲致寧靜的中道。

這中道，具體來說就是有名的「八正道」，佛陀當初向五比丘說四聖諦時，便是從這八正道說起。這是面對人生苦惱的對症藥方，每個人從這裡修行，便能一步步離苦得樂，趨向理想的解脫境界。

檔案 35
中道指的是八正道？

> 汝等當知，我如是捨彼二邊已，說有中路，我自證知……汝等比丘，若欲得知，出有中路，如我所證。為開眼故，為生智故，為寂定故，乃至涅槃八聖正道。……——《佛本行集經》卷第三十四

佛陀捨欲樂和苦行兩種極端，另外提出中道，若要開法眼、生智慧、到達寂定，要修行八正道。八正道的內容有：

1.正見：正實的知見、正確的人生觀。

自世間法來說，要正確的認識善惡業報，崇信三寶，孝順父母，守戒行善，這是世間的正見；出世間的正見來說，就是徹見緣起法、四聖諦，向涅槃之路精勤修持。

2.正思：正確的思惟。

指三業中的意業而說的。在思維上遠離一切貪、瞋、癡、慢、疑等煩惱，而保持心理上的純正。這種無貪、無瞋、無害之心的純正意

志，表現出的行動就是正語、正業與正命。

3.正語：正直的言語。

指三業中的語業而說的。經上說，妄語(虛偽不實的謊話)、綺語(挑逗性的輕薄話)、兩舌(挑撥離間的假話)、惡口(尖刻惡毒的的罵人話)，是十惡業中的四種語業。修道的人遠離四種口業，以誠實語、質直語、柔軟語和諍語對待他人。

4.正業：端正的行為。

這是三業中的身業而說的。遠離殺生、偷盜、邪淫是身體的三種惡業，就是正業。

5.正命：正當的職業。

遠離邪命的正當生活。以正當手段獲得食衣住等生活物資。從事正當行業，不以經營殺生、妨害風化職業為生，並過正常而有規律的生活。

6.正精進(正勤)：正當的努力。

依正見、正思維、正語、正業、正命來修行，相續無間，勇猛策進，是正精進。可以「四正勤」進一步說明：即未生起的惡不讓它生起、已生起的惡使它斷滅、未生起的善讓它生起、已生起的善使它增長。

7.正念：正確的憶念。

以「四念處」為正念，即對於身、受、心、法，做正確的觀察，了知不淨、無常、苦、無我。(詳見第38檔案)以世間法來說，正念是時時提高警覺，保持冷靜清醒，以免因疏忽而造成重錯誤。如攀高失足，駕車肇禍，都是不能保持正念所致。

8.正定：正確的凝定。

是指心力集中、心境平靜，不動不搖，檢視緣起、無常、因緣法則，不受五蘊的誘惑束縛，便可以出離生死，而入涅槃。通常修行者可以藉由禪定，幫助自己達到這種高層次的精神集中，使心不散亂，產生定力，讓人獲致智慧。

什麼是十二因緣？

所謂緣無明行，緣行識，緣識名色，緣名色六入處，緣六入處觸，緣觸受，緣受愛，緣愛取，緣取有，緣有生，緣生老、死、憂、悲、惱苦，如是如是純大苦聚集。——《雜阿含經》卷第十二·第293經

十二因緣，也就是十二緣起真理，是佛陀為了讓世人明瞭「緣起」所做的開示，說明苦產生的原因以及人生命的過程、真相，深入陳述生命如何生死流轉於過去、現在、未來三世的十二個過程。

這十二個過程是由：無明、行、識、名、色、六入、觸、受、愛、取、有、生、老死所構成的。

在「十二因緣」裡面，「無明」是一切生命過程的根本源頭，在十二因緣中排名第一位。所有的起因都是愚癡、迷惑(無明)，靠著本能的衝動來行事。無明如同火車頭，帶動後面一連串的行動(行)，而種下了將來苦果的種子。因此，「無明」與「行」是過去世的兩個原因。

有了過去世的無明和行，就有現在世的生命開始在母胎受孕(識)，在母胎發育(名色)，眼、耳、鼻、舌、身、意等六根發展(六入)，接著胎兒出生了，並和外界接觸(觸)，逐漸成長後，對外界有所感受與思考(受)，這時一個人的身、心終於形成了。這上面五個過程就是現在世的五種結果。再來，現在世的三種原因又會產生未來的結果。這三種原因，首先是貪愛，就是執著於金錢、財產、地位、名聲或異性關係等等(愛)，再下來，由於貪愛、執著，而不斷地追求所愛(取)，最後使人執著於占有，執著於自我，變成不易掙脫的束縛(有)。它們所產生的結果就是來世的兩個結果：生和老死。生命的誕生使得迷惑的生命更加迷惑(生)，最後生命漸漸老化，終至死亡(老死)。

十二因緣它並不是一條直線，而是一條圓形鎖鏈，所有生命就是這樣始而終，終而復始，不停地流轉、輪迴。追根究底，無明是生死流轉與輪迴的根源，所以要了脫生死、脫離輪迴，必須先破除無明。破除了無明，後面那一連串相續而起的因緣也就隨之而滅了。

所謂此有故彼有，此起故彼起，謂緣無明行，乃至純大苦聚集；無明滅故行滅，乃至純大苦聚滅。——《雜阿含經》卷第十二·第301經

輪迴與業是佛教獨有的觀念嗎？

不眠的人夜長，疲倦的人路長，不知正確眞理的愚人，生死輪迴長。

——《法句經》

「輪迴」，是指眾生在生死之間永無止盡地輪轉，就像車輪的旋轉一樣，所以稱爲輪迴。

▌輪迴與解脫

輪迴並不是佛教首創的觀念，輪迴的思想最早是出現在婆羅門教的吠陀經典之中，而在後來的婆羅門《奧義書》中，才有了比較完整系統的說明。根據《奧義書》的解釋，每個人的靈魂在死後，可以在另一個軀殼中轉生，而轉生成哪一種生物，則是由他生前的行爲所決定的，好人可以轉生爲神、人，而壞人就可能轉生爲動物、草木。

另一個與輪迴息息相關的觀念就是「業」，它可以包括了身體和心理的所有活動。也就是因爲有了「業」的作用，才使得眾生不斷地沉淪在輪迴之中。「業」就是依照著「善有善報，惡有惡報」這個原則來運作的。不過，婆羅門教認爲，只有婆羅門、刹帝利、吠舍這三個種姓，才能夠擁有轉世的來生，所以這三個種姓稱爲「再生族」，而屬於賤民奴隸階級的「首陀羅」，則是無法轉生的「一生族」。

到了佛陀，就完全放棄婆羅門教不平等的種姓思想，只保留了業和輪迴的觀念。佛陀不認爲有固定的靈魂，眾生的生死，純由於業的聚散和牽引。在這當下一生的死亡之後，肉體雖然腐爛了，但善惡的業種不會消失，它將帶著我們去接受另一階段的死亡過程。佛陀所追求的解脫道，目的就在解脫生死輪迴，讓生命得到眞正的自在。

▌六道輪迴

佛教後來更進一步地發展爲「六道輪迴」的思想。「六道」，就是眾生在輪迴中，由於自己前生所造的業，而轉生的六種路徑，又稱爲「六趣」，「趣」就趨向的意思。六道包括了：天道、人道、阿修羅道、畜生道、餓鬼道和地獄道。「阿修羅」是古印度的諸神之一，屬於戰神的一種。其中天道、人道和阿修羅道，稱爲「三善道」，必須前生爲善，才能夠轉生爲這三道。若是前生爲非作歹，就會轉生爲畜生道、餓鬼道和地獄道，也就是「三惡道」。

佛陀提倡的根本修習法門是什麼？

世尊告諸比丘：「有四念處。何等爲四？謂身身觀念處，受、心。法法觀念處。」佛說此經已，諸比丘聞佛所說，歡喜奉行。

——《雜阿含經》卷第二十四‧第605經

　　佛陀提倡的根本修習法門是「觀」——觀照身心，洞察每一個起心動念，了知自己與環境的關係，領悟宇宙的緣起法則，止息煩惱。

　　在傳統的瑜伽中，修行者可以修習到最高的神秘境界，像是無所有處、非想非非想處(見第13檔案)，這些境界，佛在求道初期都學習過，並且也達到了最高的神秘境界。可是佛並不以此爲滿足，他說它們與實相、眞理無關，無法藉由它們達到徹底的解脫涅槃。因此，佛陀提倡另一種修習法門「觀」，並提出具體的實踐方式——四念處。

▌什麼是四念處？

　　「四念處」又稱爲「四念住」，在佛陀時代，是佛弟子修行佛法、止息煩惱的主要方法。佛陀在南傳經典《念處經》中這麼說：

　　比丘們！如修行人欲淨化眾生，超越悲苦煩惱，行正道而證涅槃，這是唯一的途徑，也就是四念處。

　　四念處也可譯爲「念的目標」。因爲「念」須有現象做爲觀照的目標，以此來安定心。因此，四念處的內容有四：

　　1.身念處：以念觀「身體」爲目標。

　　凡是和身體有關的現象，如頭髮、體毛、指甲、牙齒、皮膚等等，都是「身念處」的觀察對象。身念處有數息觀、不淨觀等修法。

　　2.受念處：以念觀「感受」爲目標。

　　身體的疼痛、舒適與內心的歡愉、悲傷、恐懼等感受的起落，都是觀察對象。

　　3.心念處：以念觀「心意」爲目標。

　　心是集中還是散亂、是明朗還是昏沉、是否處於貪欲、瞋恚或慈悲的狀態上，都是「心念處」的對象。

　　4.法念處：以念觀察五蘊、無我、無常、苦等法爲目標。

　　如實觀照各種法如五蘊(色、受、想、行、識)等，或障礙像貪慾、瞋恚、昏沉，和睡眠、掉舉、疑惱、猶疑等等。

▌人人都可修持

修四念處的目的是在感受生起的當下，便能起覺知及觀照，而不爲其所惑。修行者如實覺照身、受、心、法的種種變化與狀態，不迴避地面對它們，警覺它們有因有緣地生起，乃至於有因有緣地消失。如此念念觀照，層層剝析，再糾結的人生問題都歷歷分明。佛陀和阿羅漢弟子就是這樣日以繼夜地以四念處爲課，因而到達解脫。

佛陀曾說過，修行四念處的人將得到的成果：只要七日、七月乃至七年的時間用功，必能成就阿羅漢。只要如法修行，精進不懈，可以說萬人修行萬人成就，是每個人都可以修持的佛法法門。

▌當下觀照・觀照當下

四念處這種修行方法，與我們日常身心活動、喜樂憂悲、思想見解等緊密相關，修習者必須在每一行、起、坐、臥中念念觀照，當下觀照。也就是說，你必須真正生活在當前的這一刻(這一瞬間)，而不要去煩憂過去或揣測未來。因爲大部分的人都活在過去的記憶中，或活在對未來的幻想、揣測中，從未真實的活在當下這一刻，也因爲如此，所以大部分的人對現況不滿足、不開心，雖然他們對過去與未來獻出了全部心力，卻無法得到真正的寧靜快樂。

能真正生活在當下的人才是最快樂的人，所過的才是真實的人生。有一回，人們問佛，爲什麼他的弟子們每天只吃一餐，生活簡單平靜，卻如此精神煥發？佛說：「他們不悔既往，不暝索將來。他們生活在現前的時間中，因此他們都神采奕奕。愚蠢的人，又冥索未來，又追悔過去，就像碧綠的蘆葦在驕陽中被刈斷一般，一下子就枯萎了。」

佛所傳授的四念處，就是要你在任何時候都能「念念分明」，好好做個「活在當下」的人。從表面上看，四念處很樸素、淺顯，其實法門深刻精要，箇中滋味只有實踐的人才能有所體會。

▌數息觀

對想修習的人而言，可以從「數息觀」開始，這是容易又實用的修習入門法。此法在修習時，必須採取一種特別姿勢──兩腿盤坐，保持身軀端直，兩手舒適地垂放在膝上。如此坐定後，可將兩眼閉合，或凝視鼻端。接下來，將精神集中於數息這件事上。數息可以數入息(吸氣)或數出息(呼氣)，也可以數出入息。例如數出息時，是在每一個出息時數一個數字，從一數到十，然後重回到一再數到十，周而復始，反覆地數。數息的時候，一旦起了妄念或雜念，無論中途數到多少，都得重回到一數起。如此數息，時刻了然分明於這一動態，便能忘掉周圍環境和其他紛擾的事物。

數息觀的目的在發展專注力(定力)，提高洞察力與內觀力，到達非常高的禪定境界。此外，它對健康極有裨益；能增進安眠，鬆弛緊張身心，增進工作效率，使人寧靜安詳。當你精神緊張或興奮的時候，如果定下來練習幾分鐘的數息，馬上就覺得平靜下來。

佛法是釋迦牟尼發明的嗎？

我得古仙人道、古仙人逕、古仙人道跡。古仙人從此跡去，我今隨去。

——《雜阿含經》卷第十二‧第287經

　　佛陀所說的解脫之道博大精深，從緣起、無我到四聖諦，成為佛教的核心思想，無論大乘、小乘，南傳、北傳，都以此法教為根本基礎。佛在世時，他的弟子多次好奇這些法是從哪裡來的？是佛所發明的嗎？還是別人發明的？佛卻對弟子們說了一個古仙人道的譬喻：

　　「這就好像有人在樹林中迷了路，偶然發現一條古仙人所走過的古道，這迷路的人便依著古人所走的路走下去，終於發現古人所住的古城，是個有美麗的園林和美麗的蓮池的古城。那人回去後，向王報告那美麗的古城，請王在那裡建立城堡，王在那裡建了城堡，人口聚集，逐漸繁榮起來。比丘們啊，和那個人一樣，我也是發現過去的聖者所行走過的古道啊。」

　　佛陀認為解脫之道並不是以前沒有而現在新產生的，可以說是從古來就有的，他只不過是發現了這條道路。在《雜阿含經》卷第十二‧第299經裡另有一記載：

　　有異比丘來詣佛所……白佛言：世尊，謂緣起法為世尊作？為餘人作耶？佛告比丘：緣起法者，非我所作，亦非餘人作。然彼如來出世及未出世，法界常住。彼如來自覺此法，成等正覺，為諸眾生分別演說。

　　這個緣起法並不是佛陀想出來的，也不是別人想出來的。無論佛陀生在這世間，或佛陀不生在這世間，這法都是長存的，不過卻是透過佛陀出生，親自證得它而得解脫，並將它教導給世人。

　　佛陀從不認為佛法是自己所創，也並不以佛教創始人自居。他在一生的弘法過程中，並不強調自己就是佛教僧團的領導者，即使到了涅槃之時，弟子們追問以後誰是領導繼承人，卻遭到佛陀的斥責，佛只要大家以戒為師。《大薩遮尼乾子受記經》中說：「欲離諸生死，安穩到涅槃，一切如來說，持戒最第一。」對佛而言，眾生皆有佛性，成佛之路並不必依賴任何他人，一切以佛法為最高的領導與依歸。

40
佛陀有神通嗎？他如何看待神通？

據經典記載，佛陀得道當日深夜便得到無比的神通力，包括神足通、天眼通、天耳通、他心通、宿命通以及漏盡通，稱爲「六神通」。

分析佛陀所具有的這六種神通，前五種是同一類，屬於身體上或心理上所具有的超能力，這也就是一般人心目的神通。

第六種漏盡通，所指的是佛教徒修持的終極目標——涅槃解脫。「漏」是「煩惱」的異名，當煩惱淨盡，貪瞋癡等諸毒盡除，內心的染污完全消除，也就到達了解脫境界。這種「神通」顯然與前五種有很大的差異。而修持的主要目標是獲得漏盡通，到達解脫境界。

不過佛陀在世時，也允許僧團弟子修持其他神通，只不過他提出一個共通的守則：「必須持戒清淨、勤修禪定，成就觀行於空靜處。」可見在正確的修行中，只要不違背證得解脫道的目標下，機緣得到五種神通也不是一件壞事。

佛在世傳法曾數次使用神通示現，而佛弟子們也有許多人是擁有神通能力的，像是目犍連、大迦葉、賓頭盧等都是有神通的弟子。目犍連曾用神通化解佛陀危難，並多次爲僧團解決問題，深獲佛陀稱讚。不過，佛陀對於使用神通也有嚴格告誡：

1.神通不敵業力：

神通不是萬能的，在因果律的原則下，眾生的生死禍福，都是出於善惡業力，神通再大，也不能破壞因果律。例如：佛陀的神通雖然廣大，卻無法扭轉業力，讓釋迦族免於滅族的命運；目犍連雖號稱「神通第一」，仍無法救拔自己的母親脫離地獄之苦，而他自己晚年也受外道以亂石擊斃，這都是神通不及業力的例子。

2.神通不能濫用：

在原始經典記載了佛弟子賓頭盧因爲濫用神通而遭到處罰的例子。故事是說賓頭盧運用神通，向樹提長者展露了一手「不起於座，伸手取鉢」的本事，雖然贏得了長者的讚嘆，卻讓佛陀十分生氣而嚴厲懲罰，懲罰的理由是：「只爲了一個小木鉢，就隨便示現神通。」

佛陀贊成宿命論與卜卦論相嗎？

佛告比丘：「汝等比丘！莫作是說：『宿命所作』所以者何？此非義饒
益，非法饒益，非梵行饒益，非智、非正覺，不向涅槃。」

——《雜阿含經》卷第十六·第414經

在佛陀的時代，印度社會普遍流傳著宿命論和卜卦看相的風氣。佛陀誕生時，他的父親淨飯王特別請當時著名的阿私陀仙人來為佛陀看相，預言他的未來。可見這是印度社會很普遍的一種情形。

不過，佛陀開始說法之後，卻不鼓勵弟子們去相信這些宿命論和卜卦論相的說法。《雜阿含經》卷第十六就有這樣的記載：

有一次，佛陀正住在王舍城的迦蘭陀竹林精舍。那時，有一些比丘聚在食堂說話，大家正在討論關於前世宿命的話題，彼此辯論著上輩子都在做些什麼？

這時，佛陀從靜坐完畢出來，坐在大家面前，知道弟子們正在討論前世宿命的話題，就對他們說：「你們真是不應該浪費時間來討論這些話題，這些事情和正法一點關係也沒有，這不是真正的智慧，也無法為你們帶來真正的解脫。你們應當把時間用在討論苦集滅道四聖諦，這才是能夠讓你們獲得大智慧的真理！」

另一個故事是記載於《雜阿含經》卷第二·第54經中，那時，佛陀正在波羅奈城的鹿野苑說法。有一個婆羅門來見佛陀，向佛陀問道，他有一個弟子善於為人占卜吉凶，而且預言往往很準，不知佛陀對於這樣的事情有什麼看法？

佛陀便問那個婆羅門：「你相信任何事情都有一個原因嗎？」婆羅門同意。佛陀又問：「那麼，你相信世界上任何事情都是一成不變的嗎？」婆羅門搖了搖頭。於是佛陀就反問他：「你看，既然任何事情都是有因有果，而事事又都是變幻無常的，你的弟子又怎麼能夠去預言還不曾發生的事情呢？」

從這兩個小故事中，我們可以看到，佛陀對於前世宿命和卜卦看相等說法，其實是抱持著十分理性的態度。

宇宙是有限還是無限的？
佛陀的看法是什麼？

猶如有人身被毒箭，因毒箭故，受極重苦，彼見親族憐念愍傷，爲求利義饒益安隱，便求箭醫，然彼人者方作是念，未可拔箭，我應先知彼人如是姓、如是名、如是生。……彼人竟不得知，於其中間而命終也。

——《中阿含經》‧箭喻經第十

有一回，佛的弟子鬘童子認爲佛還有許多事隱藏沒說，於是提出一連串的問題質問佛陀：這宇宙到底是限的還是無限的？這宇宙有沒有開始與結束？人的肉體與靈魂是一體的還是分開的？如來死後是繼續存在還是不再繼續存在？……鬘童子說，如果世尊不解釋清楚，他就要離開僧團到別處去修梵行。

佛陀給他的回答是這樣的：如果你是這樣想的，那麼還沒來得及得到答案就先死掉了！這就好像有一個人被毒箭射中了，找來醫生治療，這人卻對醫生說：「到底是誰做出這種事，竟然放毒箭射傷我？他的個子是高還是矮？膚色是白的還是黑的？還有，弓是什麼種類？弦線是植物性或動物性的？箭毛是用老鷹或是鷺鷥的羽毛製成的？如果我不知道他的名字，就不拔出毒箭。」但是，當他弄清楚時早就成了一堆白骨了。

佛陀並不願意多費唇舌去討論這些形而上的哲學問題。曾有人質疑佛陀，爲什麼不回答這些問題？佛陀用了另一個很有意思的譬喻，來做爲回應：「譬如人問搆牛角得幾汁之乳，是爲非問，不可答也。」他的意思是說「我們如果劈開牛的角，可以得到幾滴牛乳呢？」佛陀覺得這些問題是和人世間的眞正痛苦無關的，不需要說明。

另有一回，佛在摩揭陀國的申恕林裡，撿了一把樹葉放在手上，問弟子們說：「你們覺得是我手上的樹葉多？還是樹林裡的樹葉多？」

「世尊！當然是樹林裡的葉子多。」

「比丘們啊！同樣地，我所證知而未對你們說的法比較多，而已經教給你們的法只有一點點，如同手上的葉子一般。我爲什麼沒有講其他的法呢？因爲那些法對於求聖的生活沒有助益，不能引導人走向涅槃。這就是爲什麼我沒說那些法的緣故。」

佛又說：「比丘們啊！那我曾說了什麼法呢？我說的是就是這『四聖諦』，因爲它們能引導你們走向聖道的生活，所以你們應該精勤學習。」這故事記載在《雜阿含經》卷第十五‧第404經。

到底什麼才是最重要的呢？難道不是拔除毒箭進行治療嗎？即便你知道世界是有限或無限的，它能幫助你克服人生的生、老、病、死，以及種種的憂戚苦惱嗎？佛陀認為這些形而上的臆測，只能製造莫虛有的問題，並無益於克服人生的根本問題。他認為重要的是要告訴眾生的苦、苦的生起、苦的止息和滅苦之道，這可以幫助人們修練身心，讓人厭離、去執、得寂靜涅槃。因此，對於那個受箭傷的人，當下起信，拔除毒箭，才是保住性命的關鍵；對於承受生命憂苦的人們，也應該當下努力精進於四聖諦，才能獲致生命的寧靜解脫。

十四無記

「十四無記」，是指十四件不加以評論的事，也就是在《雜阿含經》裡，鬘童子提出一連串佛陀不予正面回答的哲學問題。佛陀不回答的理由是認為它們會引起無謂的爭論，卻對生命無益。「十四無記」包括：

① 世間常：宇宙本身是恆久存在？
② 世間無常：宇宙本身是不恆久存在？
③ 世間亦常亦無常——宇宙本身是能恆久存在也是不恆久存在？
④ 世間非常非無常——宇宙本身既不是恆久存在也不是不恆久存在？
⑤ 世間有邊——宇宙本身是有限的？
⑥ 世間無邊——宇宙本身是無限的？
⑦ 世間亦有邊亦無邊——宇宙本身既是有限的也是無限的？
⑧ 世間非有邊非無邊——宇宙本身既不是有限的也不是無限的？
⑨ 如來死後有——如來死後還存在？
⑩ 如來死後無——如來死後便不存在？
⑪ 如來死後亦有亦非有——如來死後既是存在也是不存在？
⑫ 如來死後亦非有亦非無——如來死後既不是存在也不是不存在？
⑬ 命身——身體和靈魂是一體的？
⑭ 命身異——身體和靈魂是分開的？

43
捻花微笑的故事玄機在哪裡？

吾有正法眼藏，涅槃妙心，實相無相，微妙法門，不立文字，教外別傳，
凡夫成佛第一義諦，付囑摩訶迦葉。──《大梵天問佛決疑經》第二品·拈花品

　　有一回，大梵天王到印度靈鷲山去請釋迦牟尼說法。大梵天王帶了一束金色的波羅花(Utkala)獻給佛，並把自己的身體變成一床座，請佛坐在上面，為大家說法。只見佛坐了下來，手上拿著一朵花，什麼話也不說。佛陀的這一舉動，使眾弟子們頓時緊張起來，大家都不知道應該如何是好？這時佛的苦行弟子大迦葉，卻對著花，會心微笑。

　　於是佛高興地說：「吾有正法眼藏，涅槃妙心，實相無相，微妙法門：不立文字，教外別傳，凡夫成佛第一義諦，付囑摩訶迦葉。」

　　什麼意思呢？原來佛是要傳一個「無上心法」。佛是說他有一個正法眼藏，就是他的心法，是佛法的寶藏。這心法是沒有相狀的，而且法門非常精妙，不是文字語言可以傳達的，必須在言教之外，把它傳給下一代。這一種心法，只有大迦葉領會了，能夠接受佛的付託，傳承衣缽。就這樣，大迦葉成了與佛心法相傳的弟子。這就是「捻花微笑」的由來，記載在《大梵天問佛決疑經》，是禪宗的第一個公案，而大迦葉也成為禪宗的初祖。

佛說法圖 隋代（581-618）
敦煌莫高窟第 394 窟壁畫
在一次說法中，佛陀拈花微笑，傳無上心法，成就了後來禪宗的發展。

　　禪宗「以心傳心」，不經過任何文字的微妙法門，便在一朵花和一個微笑中誕生了。一朵花代表智慧，微笑則表示開悟了。禪宗的法門重在悟，重在智慧的啟發。有所謂「直指人心，見性成佛」，直接指出你的本心就是佛，讓你自己見到了自己的本性，就成佛了。禪宗認為一切現象都是佛法，日常生活中所接觸的種種事物及現象都是佛法，習禪的人，把一切看在眼裡，悟在心裡。

　　禪宗盛行於中國、日本地區。據說佛傳了心法給大迦葉，大迦葉傳給阿難，代代心法相傳，第十二代是馬鳴菩薩，第十四代是龍樹菩薩，等到第二十八代就是達摩祖師，達摩是棄位出家的王子，後來就帶著傳承衣缽來到中國了。

靈山說法時，靈山在哪？
又說的是什麼法？

如是我聞，一時佛在王舍城耆闍崛山中，與大比丘眾萬二千人俱，皆是阿羅漢，諸漏已盡，無復煩惱。——《佛說妙法蓮華經》卷第一

「靈山說法」指的是釋迦牟尼晚年的一場法會，在那場法會裡，佛陀宣說了大乘重要的經典《佛說妙法蓮華經》，簡稱《法華經》。

▍一場盛大的法會

那麼靈山在哪裡呢？靈山就是當時印度摩揭陀國的首都王舍城(現稱拉查吉爾 Rajgir)附近的「靈鷲山」，經典中常以耆闍崛山(梵語Grdhrakuta)稱呼。

為什麼叫靈鷲山？有人說是山上常有鷲鳥棲息，也有說是山上有一塊形狀酷似鷲鳥頭的奇岩而得名。這靈鷲山是王舍城周圍的山群中最高的一座，是佛陀住世時說法的道場與住所，佛陀曾在此處往來十數年，在此結夏安居說法不計其數，而附近的竹林精舍是國王頻婆娑羅王供養佛陀的精舍，佛陀也經常往來居住在那兒。

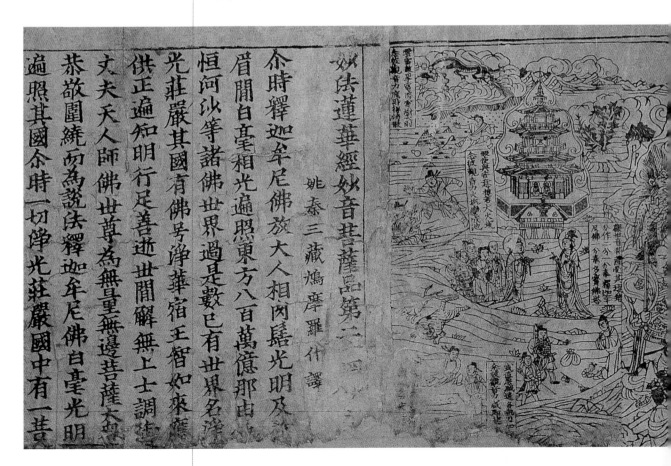

在這場盛大的法會中，齊聚了一萬二千個比丘眾，他們都是開悟了的阿羅漢。除此之外，還有彌勒、觀音、文殊、普賢、金剛手等大乘信仰的大菩薩在場，以及數以千計、萬計的天人、眾菩薩前來聽法，現場極為莊嚴光明。佛陀所宣說的法華經要，旨在闡述「一切眾生皆能成佛」，是大乘佛法的精神要義。在大乘的佛陀經典中，《般若經》、《無量壽經》等等，也都是佛在王舍城靈鷲山說的；而《勝鬘夫人經》、《阿彌陀經》、《金剛經》等，則是佛在舍衛城祇園精舍說的法。

▌佛說妙法蓮華經

《佛說妙法蓮華經》是大乘佛教的一部重要典籍。出現在印度佛教大小乘激烈抗爭的時代，它站在大乘立場，力圖調解大小乘之間的矛盾爭執，主張「聲聞」、「緣覺」、「菩薩」三乘歸一，達到圓滿的「佛乘」。《法華經》有三個漢文譯本：西晉竺法護譯十卷本，稱《正法華經》；姚秦鳩摩羅什譯七卷本，稱《妙法蓮華經》；隋闍那崛多等人改編的七卷本，叫《添品妙法蓮華經》。以姚秦鳩摩羅什譯本流傳最廣。

《妙法蓮華經》刻本
遼代（916-1125）
山西應縣木塔
佛陀在靈山說法所說的就是這部《妙法蓮華經》，旨在闡述人人皆可成佛。（王露攝）

釋迦牟尼不只在人間說法，還上天界說法？

如是我聞，一時，佛住三十三天驄色虛軟石上，去波梨耶多羅、拘毗陀羅香樹不遠夏安居，爲母及三十三天說法。——《雜阿含經》卷第十九‧第506經

王舍城曲女城遺址
傳說中佛陀上忉利天向母說法後，乘天梯返回人間的地方。(吳進生攝)

據說佛陀也曾上天界去說法。在《雜阿含經》卷第十九曾經說到，有一回在舍衛國祇樹給孤獨園夏安居時，佛陀以神通力上到忉利天[註]爲其亡母摩耶夫人說法。過了三個月，還未回到人間。這時僧團的弟子們很想念世尊，便央請「神通第一」目犍連上天求世尊早回僧團。目犍連答應大家的請託，上到忉利天，看到佛陀爲天界眾生說法的盛況，在敬禮佛陀之後，傳達了僧團師兄弟的心意，佛陀告之將在七天後返回人間的承諾。

《增一阿含經》卷第二十八，也有一個關於佛陀上天說法的故事：傳說佛陀上忉利天爲母說法時，世間憍薩賞國的優塡王因想念佛陀，而命工匠用牛頭旃檀造立一尊5尺佛像，讓他能日夜供養禮拜。後來，憍薩羅國的波斯匿王聽說優塡王造佛像，也用紫磨黃金造了一個5尺佛像。一時，世間有兩尊佛陀像。這就是有名的優塡王造像的傳說。有些人認爲佛陀時代已有造立佛像的根據，就是出於此一傳說，但並無年代相仿的考古物件可以佐證。

無論在南傳或北傳佛教，都有釋迦牟尼曾上天界說法的故事。在大乘經典裡提到佛陀曾兩次上忉利天說法：一次是佛陀在菩提樹下剛得道時，就先上忉利天，爲各大菩薩以及宿世機緣成熟的大根器弟子，宣說了《大方廣佛華嚴經》，把法界最眞實的面貌以及宇宙最至高無上的眞理盡情地宣說出來；另一次是佛陀晚年，爲報母恩，再上忉利天爲生母摩耶夫人說法，所說的是《地藏王本願經》。

該經的〈忉利天宮神通品第一〉描述：「如是我聞。一時。佛在忉利天。爲母說法。爾時十方無量世界，不可說不可說一切諸佛，及大菩薩摩訶薩，皆來集會。……」當時有數不清的十方諸佛菩薩都前來聆聽佛說法。在這次殊勝的忉利天大法會上，佛陀特別介紹地藏王菩薩的悲願甚深，唯有當宇宙眾生全都成佛以後，地藏菩薩才願意成佛，這是世間少有的。佛陀還進一步講說地藏菩薩的功德利益，善男信女只要念地藏菩薩的名號，將能返生於三十三天享天福，同時又能見佛聞法，永遠不墮惡道。

在印度王衛城的曲女城，傳說是佛陀上忉利天說法後，乘天梯下到人間的遺跡，常吸引朝聖者前往追念。

註　忉利天：又稱為三十三天，是欲界的第二層天，位居須彌山頂上，是帝釋天居住的地方。佛陀生母摩耶夫人往生後，便飛昇到忉利天為天人。

佛陀忉利天說法唐卡
17-18世紀　西藏地區
經典記載佛陀曾二次上忉利天說法，畫面右上方描繪佛陀在忉利天向母親與眾天神說法；正中央是佛陀說法後乘天梯返回人間的景象。(陳百忠提供)

佛陀認爲有世界末日嗎？

西方基督宗教相信有世界末日，到那日上帝會降臨人間審判世人。那麼佛教認爲有世界末日嗎？

▌世界末日是宇宙生滅的自然現象

佛教認爲世界末日是必然的事，只是發生的時間是遲還是早。佛教看待世界末日是「緣起緣滅」的觀念。佛法裡把世界的生與滅分爲「成」、「住」、「壞」、「空」四個階段。「空」是無中生有的階段，就如盤古初開大地般 (當然這只是傳說罷了)，這世界在「空」的階段時，是空虛無有。直到「成」的階段，開始產生一些稀薄的物質，並漸漸形成地、水、火、風這四大類的形態，這些生命必須的元素。到四態定形後，便漸漸的發展出生命，同時亦「住」的階段，我們的世界只有在「住」的階段可以有生物和生命活動。

人有生、老、病、死，同樣地，我們的世界也會由成熟漸漸趨向衰老，甚至老死，這便是「壞」的階段。在「壞」的階段，生物是無法生存的。到世界徹底的毀滅時，我們口中所謂的「世界末日」便發生了。雖然世界毀滅後一片空虛死寂，但依照佛法，「壞」的階段後，緊接著的便是「空」的階段，世界又從空虛中演至生氣勃勃，如此循環不已，世界不斷在生滅相替，因此，世界末日只不過是宇宙生滅的自然現象。

佛坐七尊像(白大理石) 北齊(550-577)
震旦文教基金會收藏
中央的坐佛，右手持無畏印，左手持與願印，身上的袈裟有紅色彩繪，頂上有四飛天像凌空，底下中間有一香爐，香爐兩側有對獅。佛曾對世人預言末法時代的來臨，佛弟子雖身處濁世，更要發菩提心，利益眾生。

末法時代

在大乘經典中，佛陀曾預言末法時代的來臨，我們現在就處於這個末法時代。

《大悲經》將釋迦牟尼出世後，佛法的運轉分爲三個時期：「正法千年，像法千年，末法萬年。」

1.正法期：佛陀住世及滅度後一千年間爲正法期。在《中阿含經‧瞿曇彌品經》裡，佛曾說：「阿難，……正法當住千年，今失五百歲，餘有五百年。」在這時期有法教、有修行、有果證，佛法暢行。

2.像法期：正法後的一千年間爲像法期。人們以佛像代替佛陀，有法教、有修行，但有果證的人卻稀少了。

3.末法期：過了像法期，就是末法期，長達一萬年之久。此時期佛法漸漸衰微，修行少了，更無果證。而過了此末法期，即爲滅法時。佛陀在《大般涅槃經》裡，對於末法惡世曾有預言和囑咐。

另外，在《佛說法滅盡經》這部經典，也說明佛法將滅時的景象，特別指出將來佛法的滅亡是由佛教中人壞了自己的法，正所謂「獅子身上蟲，還食獅子身上肉」。《楞嚴經》裡說：「末法時期，邪師說法，如恆河沙。」邪師指的是冒牌的佛教徒，也就是穿著佛袈裟，卻做出破佛戒律，毀佛謗佛的事，這正是現世的景象。其他如《地藏王本願經》、《佛說占察善惡業報經》、《佛說當來變經》等等，都有末法的描述與告誡。

面對末法時代，經典也有積極的鼓勵，《華嚴經》裡說：「末法時代之佛弟子，因見末法衰相而發菩提心。」身處末法惡世，佛弟子更要發菩提心，利益眾生。證嚴法師曾開示說：「佛法有三個時期——正法、像法和末法，其實那不在時間，而在人心。能將佛陀的精神、教化落實在日常生活中，將自私、愚昧的心態破解，將煩惱掃除，不偏私、不執著，這就是正法常住心地；否則即使與佛同世，好的法卻不能接受，那無異於置身末法時代。」

佛像彩繪壁畫 印度阿占(Ajanta)
塔第10窟（鄭永華攝）

什麼是四相成道？八相成道？

在佛傳故事中，為了表現佛陀成佛的歷程，分別有四相成道、八相成道的說法。

在南傳佛教裡，成佛歷程採四相成道的說法，只談佛陀的誕生、降魔、初轉法輪以及涅槃四件大事。而北傳佛教則採八相成道，分別是：下天、入胎、出胎、出家、降魔、成道、說法以及涅槃。

1.下天相：釋迦乘著六牙白象從兜率天宮下降，準備誕生人間。按佛經說法，釋迦牟尼已經轉生了547次。在每次轉生中他都捨己為人，作了無數善事，但這次是最後一次轉生人間了。

2.入胎相：摩耶夫人於夜眠時，夢見菩薩乘六牙白象騰空而來，從右脅進入體內成胎。

3.出胎相：摩耶夫人懷孕滿十個月，在藍毘尼園無憂樹下，右手攀取樹枝時，太子便從右脅出生。太子一出世，便能一手指天一手指地說：「天上天下，唯我獨尊；三界皆苦，吾當安之。」從此開始人間生活。

4.出家相：悉達多太子出城遊歷時，見老、病、死苦，而體悟人生苦空無常的真理，於是決定捨棄王宮生活，出家修行，歷經瑜伽、苦行等修行方法。

5.降魔相：悉達多太子於菩提樹下禪定思惟時，魔王波旬數度前來試探，太子最後紛紛化惡阻為蓮花，無法加害。

6.成道相：太子在菩提樹下攝心端坐，勇猛精進，終於睹明星而徹悟真理。

7.說法相：釋迦牟尼成道後，先至鹿野苑，初轉法輪，向憍陳如等五人說中道。

8.涅槃相：釋迦牟尼於八十歲時在娑羅樹下進入涅槃。

緬甸仰光和平塔中的佛陀成道四相圖
四張圖從左到右分別是：佛陀誕生、降魔成道、初轉法輪和大般涅槃。(黃丁盛攝)

檔案 48
佛陀領悟的法後來傳播到哪裡去了？

佛陀在世傳法四十多年，足跡踏遍印度恆河流域，從未離開過印度土地；然而今日卻是「法水遍流五大洲」，佛陀所開創出來的佛教，與基督教、回教，並列為世界三大宗教。

二千五百年來，佛法傳播有三支路線，分別形成今日世界佛教的三大體系：

1.西元前3世紀，印度阿育王時期，派遣高僧由海路傳入斯里蘭卡(錫蘭)，接著又傳入緬甸、泰國、高棉等中南半島地區，此一脈絡形成「南傳佛教」或「上座部佛教」，也就是俗稱的「小乘佛教」。

2.西元1世紀，由喀什米爾出發，經由中亞絲路傳入中國，隨後在西元4世紀由中國傳入韓國，西元6世紀傳入日本。此一脈絡形成「北傳佛教」，也就是俗稱的「大乘佛教」。

3.西元7世紀，密宗佛教由印度越過喜馬拉雅山印度傳入西藏地區，此一脈絡形成「藏傳佛教」，此脈絡在精神教義上亦屬於大乘佛教。

佛教傳播圖
紅色代表南傳佛教路線，綠色代表北傳佛教路線，藍色代表藏傳佛教路線。

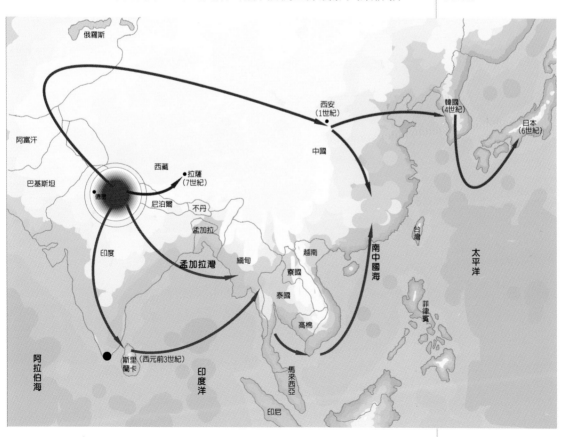

佛法向外傳播，
最早到達哪一個國家？

據史載，佛法外傳最早到達的國家，是位在印度東南端的島嶼國家——斯里蘭卡。

斯里蘭卡，古稱「師子國」、「錫蘭」，西元前 3 世紀，偉大的印度國王阿育王先後派遣他的一對子女渡海前往斯里蘭卡弘法，造就了這個古老的佛教國家。由於其經典都用巴利語傳承，所以又稱為巴利語系佛教。

▌馬興達尊者的弘法

當佛教在印度大大興盛的時候，阿育王的兒子馬興達尊者(Mahinda)在西元前247年抵達斯里蘭卡，開始傳布佛法。當時的國王還為馬興達尊者建造一座佛寺——大寺，並在此寺舉行斯里蘭卡第一次三藏結集，使得此寺成為斯里蘭卡佛教起源的象徵。馬興達尊者在斯里蘭卡弘法四十八年之久，直到八十歲圓寂。他的妹妹僧伽蜜陀(Sangamitta)後來也帶著佛陀成道處的菩提樹分株前來，在斯里蘭卡建立比丘尼僧團，使得斯里蘭卡擁有完整的僧伽組織。

斯里蘭卡第一代古王朝的臥佛
佛像從山壁中鑿刻成形，氣勢磅礴。(黃丁盛攝)

在斯里蘭卡人的心目中，馬興達尊者是第二位佛陀，每年六月，熱鬧的「波森」(Poson)慶典，便是紀念馬興達尊者將佛法傳入斯里蘭卡的慶典。

可蘭尼亞寺

在可倫坡的東北方有一座著名的寺院——可蘭尼亞寺，據說，佛陀曾三次降臨斯里蘭卡，第三次便降臨在這座寺院。寺院的大殿左邊，有一座佛塔，傳說佛塔裡放置著一座用寶石鑲成的寶椅，是當時國王供養佛陀的寶座，佛陀就坐在上面說法。而寺院旁的可蘭尼亞河是佛陀曾經沐浴的地方。目前，該寺大殿中間供奉釋迦牟尼佛。

尊崇佛教

斯里蘭卡是南傳上座部佛教的重鎮，總人口有一千六百萬，信徒約佔70%，全國的比丘約有二萬人，寺廟五千六百餘所。他們相信釋迦牟尼是徹底的覺悟者，指引眾生解脫之道。他們嚴格遵守佛陀涅槃後第一次結集所定下的經、律規定，沒有人可以更改任何一個字。而佛陀的兩大弟子舍利弗和目犍連是得到佛陀精神與教誨的真傳。

佛教一直是斯里蘭卡的傳統宗教，對斯里蘭卡的影響遍及整個文化，從語言、文字、教育、政治、建築到生活，無不關聯。最讓斯里蘭卡人驕傲的是，他們有佛陀成道處的菩提樹分枝移植在國內，並有距今二千三百年的佛肩舍利塔。

斯里蘭卡

斯里蘭卡古稱「楞伽國」，意思是不可往或危險處。根據印度《羅摩耶那詩篇》所說，楞伽國有一個楞伽山，山上居住了很多羅剎、夜叉，是惡毒鬼神，人們都不敢前往。不過從阿育王時代起，它逐漸成為南方的佛教重鎮，今日中南半島佛教也都由這裡傳播出去。

斯里蘭卡的佛牙寺
傳說佛陀涅槃後留下四顆佛牙舍利，其中一顆便供養在此佛牙寺裡。(黃丁盛攝)

緬甸的僧侶多達十三萬人，爲什麼有這麼多人要出家？

「緬甸」(Burma)，是由印度梵語「梵天」(Brahma)一詞轉化而來的，意思就是「梵天的國土」。當地有句俗話說「要做緬甸人，就要做佛教徒。」

緬甸是中南半島最大的國家，西面隔海與印度比鄰，有四千萬人口，其中90%以上都是佛陀子弟，全國僧院高達二萬餘所，僧侶有十三萬人，可說是個「佛國」。佛教史上第五次及第六次經典結集，都由緬甸佛教徒所發起，對於南傳上座部的保存和發揚，有極大的貢獻。

▌古老傳說

根據緬甸人的傳說，印度佛教早在西元前6世紀釋迦牟尼時代，就傳入緬甸了。傳說緬甸兩兄弟達巴蘇(Tapassu)、巴魯格(Bhalluka)赴印度經商，因緣際會，遇見剛剛悟道成佛的釋迦牟尼，世尊爲他們賜髮授記，兩兄弟便把世尊頭髮帶回緬甸，建塔供奉。此塔，就是鼎鼎有名、位於仰光的瑞德宮大塔，俗稱「大金塔」。金塔寺內外，還供奉著建塔兩兄

緬甸布古地區的四方佛(黃丁盛攝)

弟塑像以及各式佛像。不過，佛法傳入緬甸，有歷史可考的，則是《島史》、《善見律》、《莊嚴結界》等史書所記載，西元前3世紀印度阿育王派遣二長老來到「金地」說四聖諦。所謂「金地」，就

緬甸佛教以僧侶眾多聞名於世，這裡的僧侶每天隨身帶著一個黑漆缽和一把遮陽傘，托缽乞食，宛如佛陀時代。(黃丁盛攝)

緬甸中部的浦甘，櫛比鱗次地矗立著二千座大小不等的佛塔，顯見「佛塔之國」的勝景。(黃丁盛攝)

是指緬甸南部一帶。再者，西曆紀元前後，斯里蘭卡曾派法師到緬甸弘法，將南傳上座部傳入緬甸。

■緬甸的托缽僧

緬甸人日常生活中的大事就是「供養佛、法」與「供養僧」。一大清早，緬甸婦女會以鮮花供養佛、法；而這兒的僧侶每天仍是奉行佛陀時代的「過午不食」與「托缽乞食」。他們每天早上出寺入市，隨身帶著二物：一個用來化緣的黑漆缽和一把遮陽傘(或是大片棕櫚圓葉)。這時街上家戶店鋪，早已準備好了葷素不拘的食物，奉入僧缽，讓僧侶化緣後帶回寺裡食用，宛若佛經所描述當年佛陀與眾弟子入城托缽乞食的景象。

緬甸人一生中都要多次入寺過短期的出家生活。佛教對緬甸人民而言，不僅是精神上的信仰，也是生活的一部分。不過，緬甸佛教「重男輕女」，向來有僧無尼，只有一種近似沙彌尼的女眾，可以剃除頭髮，受持八戒。

15世紀時，緬甸僧侶曾多達數十萬人，後來，有一位高僧還俗做了國王——達磨悉提，他鑒於當時僧眾氾濫，通令全國僧眾重新受戒加入僧伽。由於他的整頓，當時緬甸僧侶人數從數十萬人減到一萬多人，其餘不夠資格和不願再度受戒的均勒令還俗。現今，緬甸有十三萬僧侶，人數之多居世界之冠。

佛塔之國

緬甸全國各地都有佛塔，優雅尖錐狀的白色佛塔，覆著閃閃發光的金箔，構成緬甸風景，因此常被稱作「佛塔之國」。

特別是緬甸中部的浦甘(Bagan)，在四十二平方公里的平原上，櫛比鱗次地矗立著二千座方圓、大小不等的磚塔。這些磚塔建造在11-13世紀的浦甘王朝，國王阿奴律陀(Anurudha, 1044-1077)被譽為「緬甸的阿育王」，尊上座部佛教為國教，佛法蓬勃之盛況，使緬甸成為南傳佛教中心。各塔雕塑以手結觸地印、禪定印或涅槃的釋迦牟尼佛像為主，羅漢像次之，菩薩像極少。

另外，緬甸南部的仰光(Yangon)也有「金塔之都」的美稱，它的古老可追溯至《島史》所載佛教傳入下緬甸「金地」之內，可見仰光仰沐佛光，淵源甚早。仰光的佛塔共有五千多座，最著名的是大金塔。

哪一個國家以佛教爲國教，國王必須出過家？

泰國奉南傳佛教爲國教，國王必須出家當過僧侶。泰國憲法第七條有個規定：「國王須信奉佛教，且是宗教的擁護者。」泰國的國旗由紅、藍、白三色組成，其中，紅色代表國家，藍色代表國王，白色則是代表佛教，可見佛教與國家、國王鼎足而立。全國人口五千三百萬人，有95%是佛陀弟子。

上圖：泰國玉佛寺 (黃丁盛攝)
下圖：到玉佛寺朝拜的信衆(黃丁盛攝)

■ 佛法何時傳入泰國？

泰國，古稱「暹羅」，在西元13世紀泰人正式建國以前，佛教已盛行多時。佛教傳入泰國，最早可追溯至西元前3世紀中葉印度阿育王派遣須那(Sona)和鬱多羅(Uttara)前往金地(也就是緬甸南部一帶)弘法，隨後，再流轉到泰國中部弘法。在泰國中部的佛統(Nagarapathama)曾發現有破塔、石碑、佛像、石刻法輪等古物。此處石碑上的刻文以笈多王朝時期的梵文寫著：「諸法因緣生，如來說此因，彼法因緣滅，是大沙門說。」可見佛法早在西元5、6世紀笈多王朝時代就傳入泰國，更早可溯自阿育王時代。

■ 帝王出家的典範

泰國歷史上，先後傳入南傳的上座部佛教、北傳的大乘佛教。到了13世紀素可泰王朝崑羅康恆王在位時期(Kun Ramkamheng，1277-1317)，禮請斯里蘭卡大僧前來說法、傳戒，從此才以南傳上座部爲主要信仰。後來的立泰王(Thammaraja Luthai，1354-1376)請斯里蘭卡大僧爲自己傳戒，甚至捨身出家，過了一段修行出離的生活。這是泰國史上第一位在位君王出家，樹立了後來泰國男子一生中至少要出家一次，接受佛法薰陶的典範。

▌黃袍僧伽的國度

　　泰國佛教可說是僧院佛教，全國約有九千多所的佛學院和二所佛教大學，專門致力於僧伽人才的培育。泰國男子一生中都必須剃髮為僧，或長期或短期，隨個人意願。出家是報父母恩、種植福田的最好方式，出過家才算擁有完整的人格。出家者備受禮遇，任何人出家可以接受國王、父母以及一切人的禮拜。泰國男子出家一年者稱為「初臘」，出家五年者稱為「中臘」，出家滿十年者稱為「上座」。

　　泰國佛教也和緬甸、斯里蘭卡一樣，沒有比丘尼。不過，有一種白衣剃髮修行者，稱為「梅齊」，她們是終生或長期受持八關戒律的學法女，這是南傳佛教體系讓女性出家的一種方式。

上圖：泰國大理石寺供奉的釋迦牟尼佛，
是典型的泰國造像風格。(吳進生攝)

❀ 泰國佛教重要節日

佛教的重要節日有三：敬法節、敬佛節和敬僧節，被泰國視為國定假日。

敬法節：泰曆三月半(中國農曆一月半)，紀念佛住世時一千二百五十位大阿羅漢集於王舍城竹林精舍，聽佛說法。著名的〈通誡偈〉：「諸惡莫作，眾善奉行，自淨其意，是諸佛教。」就是在此次法會中宣說。

敬佛節：泰曆六月半(中國農曆四月半)，紀念佛陀誕生、成道、涅槃。

敬僧節：泰曆八月半(中國農曆六月半)，全國僧俗舉行「功德衣」典禮，向僧人獻給衣物。

中國最早的佛寺供奉哪一位佛？

佛說四十二章經

《佛說四十二章經》由四十二段短文組成，全文二千三百多字，是佛陀說法中的精要法語，旨在闡述出家、在家學佛者如何從行、住、坐、臥中趨向正道。經中擅用譬喻，是初學佛法者很好的入門寶典。它與《遺教經》、《八大人覺經》合稱為「遺教三經」，是北傳佛教佛門弟子早晚必誦的功課。

河南洛陽的白馬寺是中國最早的佛寺。取名白馬寺是白馬馱經，象徵佛法東來。(王露攝)

中國最早的佛寺是河南洛陽的白馬寺，距今約有一千九百多年歷史，號稱「中國第一古剎」。白馬寺大雄寶殿內供奉的正是釋迦牟尼佛、藥師佛以及阿彌陀佛等三世佛。

相傳，東漢明帝夜裡夢見金光閃閃的仙人在殿前飛行。第二天便把這事告訴大臣，有一為學識淵博的大臣傅毅回答說：「聽說印度有佛，能發光，能在天空飛行，皇上夢見的也許就是佛。」於是明帝派遣使者赴印度尋訪。派去的使者到了大月氏(今阿富汗一帶)，遇到印度高僧迦葉摩騰(又稱攝摩騰或竺葉摩騰)和竺法蘭，便邀他們一起回洛陽傳法。他們便用白馬馱回了釋迦牟尼像和《佛說四十二章經》等多部經書。次年，明帝下令為高僧建造佛寺，為紀念白馬馱經，便稱這座佛寺為「白馬寺」，這也是佛教傳入中國的起始。

兩位高僧來到中國後，便駐錫在白馬寺傳佛法、譯佛經。他們帶來的梵本經典，依歷史的記載，有六十萬言，也就是六十萬字。第一部翻譯的經典，就是《佛說四十二章經》，是兩位法師共同翻譯出來的。除了這部經而外，他們還陸續翻譯了《法海藏經》、《佛本行經》、《十地斷結經》、《佛本生經》、《二百六十戒合異》等五部經，再加上《佛說四十二章經》共有六部，合計一十三卷。可惜後來兵荒馬亂，國家動盪不安，國都經常更遷，沒有固定在洛陽，其他的五部經都遺失了。到現在，僅僅保存著《佛說四十二章經》流傳世間，因此，這部經是現存最早的中文佛經，算來也有一千九百年以上的歷史。

檔案 *53* 釋迦牟尼法相什麼時候傳入西藏？

佛陀法相首次傳入西藏，是在西元 7 世紀，偉大的西藏君王松贊干布王 (Songtsen Gambo，約 627-649 在位)時代。

　　西藏，古稱「吐蕃」，在佛教傳入之前信仰苯教，是崇拜萬物有靈的原始信仰。西元7世紀，年輕的松贊干布王以過人膽識，在青康藏高原上結束了長期以來的分裂局面，大拓疆土，建都拉薩，首度成為一統的強大王朝。為了與強國結盟，松贊干布王分別迎娶了尼泊爾的赤尊公主以及中國大唐的文成公主。這兩個公主來自佛教信仰的文明地區，入藏時分別帶來阿閦如來、釋迦牟尼佛等佛像、經卷、法物和數位僧尼。傳說松贊干布王在兩公主的影響下，歸依了佛法。同時，派遣了十六位大臣去印度學習佛法，回藏後，創立新藏文，翻譯大批經典，教育民眾，成為大力提倡佛教的君主。

　　西元8世紀中葉，犀松德贊王在他印度佛教上師寂護(Shantarakshita)的建議下，迎請蓮華生大士(Padma Sambhava)入藏弘法，協助建立佛教。當時還建造了桑耶寺，該寺是西藏第一座佛、法、僧三寶俱全的寺廟，主殿中供奉的正是釋迦牟尼佛。

　　藏傳佛教最著名的釋迦太子像有兩尊，一為尼泊爾赤尊公主帶來西藏的不動佛像，現供奉在拉薩小昭寺。一為唐朝文成公主帶來拉薩的釋迦牟尼等身相，現供奉在拉薩大昭寺。這兩尊釋迦牟尼佛太子像，極受歷代藏族僧侶虔誠供奉。

　　在藏傳佛教中，釋迦牟尼佛的藏語譯音是「夏嘉突不巴」，意思是「釋迦能仁」。而釋迦牟尼佛的咒語是：「嗡 那麼 巴嘎哇喋 夏迦穆尼 耶 大他嘎大呀 阿哈喋 桑呀桑 布達呀 大雅他 嗡 穆尼穆尼 瑪哈穆尼耶 唆哈」。藏傳佛教講求身語意三密齊修，口持佛菩薩咒語是修語密，必須透過上師的教導與帶領。

上圖：由唐文成公主帶入西藏的釋迦牟尼等身像，目前供奉在大昭寺內。

下圖：拉薩大昭寺是西藏第一座佛寺，融匯漢藏的建築風格，採坐東朝西的方位，意在朝向佛陀誕生之地，以表崇敬。(王露攝)

泰國清邁雙龍寺外的釋迦金佛。泰國國王必須出家當過比丘，也因此許多佛像都具有君王之姿。（黃丁盛攝）

檔案 *54*

如何計算佛曆？

世界上有些國家以佛曆做爲國家的紀元，諸如斯里蘭卡、馬來西亞、泰國、緬甸等等，究竟佛曆是怎麼計算來的？

佛曆是這麼來的。世界佛教友誼會於西元1950年，在斯里蘭卡哥倫坡舉行第一次會議，討論關於佛陀誕生、成道、涅槃的年歲實史。因爲南傳及北傳佛教所記載的，各有差異，因此作了以下共同的規定：

(1)佛陀降生於公元前 623 年的五月的月圓日。

(2)佛陀出家時是二十九歲，成道時是三十五歲；即西元前588年五月的月圓日。

(3)佛陀說法四十五年，八十歲涅槃，即公元前 543 年五月的月圓日入滅。

(4)佛曆是由佛陀涅槃時計算起。

有了這樣的共識，佛曆的計算方法就很清楚了：

步驟 1：

佛陀誕生年		佛陀歲數		佛陀涅槃年
6 2 3	－	8 0	＝	5 4 3

步驟 2：

佛曆於佛陀涅槃後計算		今年		今年衛塞節前的佛曆		今年衛塞節		今年衛塞節後的佛曆
5 4 3	＋	2 0 0 2	＝	2 5 4 5	＋	1	＝	2 5 4 6

將佛陀誕生於西元前 623 年減去佛壽 80 歲，即得 543，爲佛涅槃年，再將 543 加今年西元 2002 年，即得 2545 年，因此 2002 年衛塞節前的佛曆是2545年。但在衛塞節那天開始，就得增加一年，所以西元2002 年衛塞節後的佛曆就是 2546 年了。

歷史上，佛陀的年代有哪幾種說法？

歷史上，關於佛陀的年代，一直沒有定論。這主要是因為早期印度並不太在意歷史的記錄。

近年來，隨著阿育王考古遺址在印度的陸續發現，因此大家試著由出土的證物，向前反推佛陀可能的出生年代。綜觀來說，佛陀的生平年代有三種說法：

1〉以斯里蘭卡為中心的南傳佛教，認為佛陀的生平年代是西元前 623-543 年。並以佛入滅於西元前 543 年為各自國家的紀元元年，也就是以佛曆定為個該國紀元。

2〉在北傳佛教的系統，多半認為佛陀的生存年代應該稍晚些。根據阿育王即位年代，往前推算佛陀生平，有兩種推論年代：一是在西元前 560-480，是北傳廣泛採用的說法；另一是在西元前 460-380，是較少部分人採用的說法。

至於佛陀的出生日期，也找不到歷史記錄，現今世界佛教界有兩種不同的版本：

1) 中國與日本基本上是根據《佛所行讚》等佛傳的記載，推定四月八日為佛陀誕辰，也就是所謂的「浴佛節」。

2) 在東南亞一帶的南傳佛教國家，則是以西曆五月份的那一個月圓之日，做為佛陀的誕辰，也就是東南亞國家有名的「衛塞節」，又叫「佛陀節」。

檔案 55

世界上究竟有多少佛陀舍利？
中國也有佛陀舍利嗎？

爾時，世尊告阿難曰：於我滅度百年之後，此童子於巴連弗邑統領一方，為轉輪王，姓孔雀，名阿育，正法治化，又復廣布我舍利，當造八萬四千法王之塔，安樂無量眾生。——《雜阿含經》卷第二十三·第604經

世界上有多少佛陀舍利？這可要從二千三百年前，阿育王朝的八萬四千佛塔談起。

八萬四千舍利塔

當年，佛陀入滅後，一位婆羅門八分舍利，分給當時八國建塔供養。二百多年之後，也就是西元前3世紀時代，信奉佛法的阿育王，統一了印度，並立佛教為國教。他為了大興佛法，下令挖掘當年八國修建的佛骨舍利塔，取出舍利，重分為八萬四千份，以八萬四千個寶匣盛裝，在各地建造八萬四千個寶塔供養，供人膜拜。在尚未有佛像出現的時代，供養舍利塔是信仰佛法的象徵。

當時真的有八萬四千佛塔嗎？八萬四千，這個數目，在佛教中常用來比喻「多不勝數」，意在表示阿育王興建舍利塔、弘揚佛法的偉大事蹟。由於這個因緣，佛陀舍利因而能流轉於世界各處。

佛陀舍利如何來到中國？

在中國歷史上，有跡可尋的佛陀舍利來源主要有二：一是《大唐西

左圖
印度佛塔 西元前1世紀
阿占塔(Ajanta)第10窟
印度早期建造的佛塔，安置在石窟裡，呈覆缽形。(吳進生攝)

右圖：
印度珊奇佛塔 1世紀
印度阿育王建造八萬四千佛塔，大興佛法。在珊奇這個山頭上的紅磚舍利塔，想必也是造塔興法的遺跡之一。(吳進生攝)

域記》中曾記載，玄奘大師自印度取經時，除了帶回大量經書之外，還帶回了佛陀舍利一百五十粒(西元645年)；另一是唐代義淨大師從印度帶回佛陀舍利二百粒 (西元 695 年)。當時，唐太宗皇帝和武則天女皇都曾親迎佛陀舍利，頂禮膜拜。他們二人帶來的佛陀舍利讓中國人大開眼界，也形成日後中國人重視舍利子的風氣。

　　在記載唐代佛教諸事的《法苑珠林》一書中，更附和提及當初印度阿育王建造的八萬四千佛塔中，有十七處分布在中國，其中，包括了舉世聞名的陝西法門寺塔。

陝西法門寺佛指舍利來台的恭迎景況。此舍利是釋迦牟尼佛真身指骨舍利，不但見證了唐代佛教發展盛況，也見證了印度阿育王向世界各地散施佛祖舍利，廣布佛法的歷史影響。(王毅文攝)

▍法門寺發現佛指舍利

　　西元1987年五月，陝西法門寺傳出一個驚動世界的大新聞：中國考古人員在法門寺塔下的地宮中，發現了四枚佛指舍利，除此之外，還有大批供奉舍利的唐代珍貴文物數千件。這不但是佛教界的盛事，更是世界文化史上的大事。

　　法門寺位於陝西省扶風縣，始建於東晉末年，法門寺因塔而置寺，原名阿育王寺，隋代改稱「成實道」，唐初改名法門寺，爾後成為唐朝的皇家寺院，歷代皇帝、后妃舉行多次禮佛活動，來寺入塔供佛。千餘年來，法門寺塔體曾多次毀壞而重修建，最近的一次在1981年的一場淫雨中崩塌。1987年清理崩塌的塔體時，千餘年來隱密的唐朝地宮赫然現世，發現了四枚佛指舍利以及不計其數的唐代珍奇文物。

　　這四枚佛指舍利，有三枚是玉質，有一枚骨質。據考證，三枚玉質舍利乃仿製品，第四枚骨質才是釋迦牟尼的真身靈骨，其靈骨正如地宮內碑文所載：「佛指舍利……中有隱跡，色白如玉，少青」，也就是呈乳白色，上面有一些霉點和一條裂紋。據說，仿製佛指，故弄玄虛，是為了減低佛指舍利被竊或遭劫的機率。

▌流傳世界的佛牙舍利

據《大般若涅槃經》後分卷下的記載，佛陀涅槃後，有四顆佛牙舍利流傳下來，其中一顆被天上的帝釋天以七寶瓶請回天庭供養，其餘三顆佛牙舍利則流傳在人間。

最為世人所知的是斯里蘭卡的佛牙舍利，據傳這是在西元371年流傳至斯里蘭卡，由國王吉祥雲色王在王室附近建寺供養，目前供奉在斯里蘭卡康提市的佛牙寺內，被稱為「錫蘭佛牙」。另一顆佛牙，則是供奉在北京西山的靈光寺的舍利寶塔中，傳聞該佛牙舍利是南朝高僧法獻，在劉宋元徽三年（西元475年）至西域取經，路經新疆所獲得的，因此稱為「法獻佛牙」。

至於第三顆佛牙舍利在哪兒？目前就在高雄佛光山，其間的因緣令人稱道。據說3世紀回教大舉入侵印度時，第三顆佛牙舍利被人祕密由印度那爛陀帶往西藏寺院保存。20世紀文革期間，該寺被毀，貢葛多傑仁波切以身保護舍利，三十多年來密藏在隨身的「迦護」寶盒中，掛在胸前不敢離身。他冒著生命的危險，橫越喜馬拉雅山，流亡到印度。近年來，貢葛多傑仁波切感年事已高，所以決定轉贈給當時正在印度傳戒的星雲大師，1998年四月，佛牙舍利被正式迎來台灣佛光山。

《金光明經・捨身品》裡說：「舍利者，是戒定慧之所熏修，福田。」在《大智度論》也說：「供養佛舍利，乃至如芥子許，其福報無邊。」因此，自古以來流傳的佛陀舍利普受信徒禮拜。舍利象徵佛法正覺，雖值得世人景仰，但更重要的是尊敬足以形成舍利的佛法。《金剛經》裡說：「不可以身相得見如來……凡所有相皆是虛妄，若見諸相非相，即見如來。」佛的追隨者不應過於執著看得見的舍利，而應該力行佛法，才是最重要的。

供奉在北京靈光寺的佛牙舍利，是當今世上僅存的三顆佛牙舍利之一。（《澳門佛教》提供）

與佛陀有關的重要慶典有哪些？

在南傳、北傳以及藏傳佛教裡，各有紀念佛陀的重要節慶。

■ 南傳佛教

南傳佛教，主要是指東南亞國家，統一以五月的月圓之日(The Full Moon Of May)，做爲紀念佛陀誕生、成道和涅槃的日子，稱爲「衛塞節」(Wesak)或「佛陀日」(Buddha Day)。也有人將這一天稱爲「花節」，因爲佛陀在藍毘尼花園誕生，傳說那時天上散下許多香花，而當佛陀在菩提樹下成道時及涅槃時，天上也散下香花。衛塞節這天，佛教徒常在佛像前供奉花或香，來表示心中對佛陀的感恩和敬仰，慶祝項目還包括誦經、沐佛、布施、放生等。

此外，在泰國還有所謂的「守夏日」，這是紀念佛陀對五比丘初轉法輪的日子，是在七月的月圓之日，也就是僧團結夏安居開始的那一天。

■ 北傳佛教

在北傳佛教中，也就所謂的大乘佛教，包括中國、日本和韓國等地，最重要的佛陀紀念日有：

農曆二月初八日：紀念佛陀出家求道。

農曆二月十五日：紀念佛陀涅槃。

農曆四月初八日：紀念佛陀誕生，也就是所謂的「浴佛節」，這是北傳最重視的佛陀節慶。在這一天，寺院通常都會舉行「浴佛法會」，僧眾們以香花、燈燭、茶果珍肴供養佛陀，並用淨水淋灌釋迦牟尼誕生的塑像，作爲對釋迦牟尼佛誕生的紀念。

農曆十二月初八日：紀念佛陀成道，又稱作「臘八節」或「成道節」。由於當初牧羊女供獻乳糜給佛陀的典故，所以傳統上，一般寺院都會在這一天煮「臘八粥」，施予四方遊行的僧人和旅客，用以紀念佛陀的成道。這個節日後來也成爲中國民間的傳統節日，不論是否爲佛教徒，大家都習慣在這一天煮臘八粥。

另外，有一個節日和佛陀雖然沒有直接的關係，卻也是一般民間寺院中很重要的節日，那就農曆七月十五日的「盂蘭盆節」，也就一般

**靈隱寺釋迦大佛
明代（1368-1644）**
浙江靈隱寺大雄寶殿內的釋迦牟尼佛高九公尺。在中國，最重視的佛陀紀念日是浴佛節，各寺院會舉行大型紀念法會。(王露攝)

民間所謂的「中元節」。這是佛陀的弟子目犍連爲了救他的母親脫離餓鬼地獄之苦，佛陀教他在七月十五日這供養十方的僧眾，就可以救度他的母親。所以，後來一般的民間寺院都會在這一天舉行盛大的法會。

▌藏傳佛教

在藏傳佛教中，關於佛陀的節日有四聖日：

藏曆[註]正月初一至十五：這是藏曆新年，也是重要的佛陀神變節。釋迦牟尼佛曾於多天內每天示現一種神變，令專門前來比試挑戰的外道師最終俯首認輸，皈依正法。在這兩周中，便是紀念本師釋迦牟尼佛以神通降伏外道師的日子。在以前，拉薩會在這段期間舉行盛大的廣願法會，數萬僧人齊集大昭寺範圍內誦經，市中各方設法座由德高法師宣說正法，大多會選佛陀本生故事而說。

藏曆四月：藏曆四月稱爲「釋迦月」，是一年中最神聖的月份，分別在四月初八紀念釋迦牟尼的出生、四月十五紀念成佛及入滅。

藏曆六月初四：是紀念佛陀在鹿野苑爲五比丘初轉法輪的聖日。

藏曆九月二十二：紀念佛陀上天爲母說法後，重返人間的「降凡日」，這是一般人較少重視的日子。

另外，西藏最著名的「曬佛節」，則與浴佛的起源有關。傳說中佛陀降生時，九龍吐水洗浴全身，因此後世僧徒萬眾齊集，瞻仰佛容，聽經受法。藏人認爲一睹佛容可以累積無上功德，所以西藏各大寺院會在各種節日及慶典舉行曬大佛活動，讓善男信女瞻仰朝拜。藏族曬佛節大都在藏曆二月初、四月中旬或六月中旬舉行，各地不盡相同。

上圖：緬甸仰光雪達根寺的浴佛禮拜。浴佛時，以淨水澆灌佛像。（黃丁盛攝）

下圖：高棉吳哥窟的巴陽廟，信眾以鮮花、清香供佛。（黃丁盛攝）

註 藏曆主要是以陰曆計算的，與漢人的陰曆計算相類似，每隔數年便會有閏月出現。但在藏曆中，更會出現閏日或缺日的情況，即一個月中的某一天出現兩次或跳了一天。

右頁圖：
西藏拉薩哲蚌寺曬大佛，圖中的大佛為釋迦牟尼佛。曬大佛是西藏曬佛節的重要活動，用意有二：一是供信徒朝拜，二是有益於圖像保存。（黃丁盛攝）

可以與佛親近的四大聖地、八大聖地在哪裡？

阿難問佛：「世尊滅度以後，諸比丘不能再親見、禮敬怎麼辦？」佛說：「有四個地方可以得見、禮敬。它們是：如來生處、如來成等正覺處、如來轉無上法輪處、如來人無餘涅槃處。」──南傳《大般涅槃經》

當佛在拘尸那羅沙羅樹下準備涅槃時，阿難問佛說：「世尊您滅度以後，比丘們不能再見你的面，往後該怎麼禮敬如來呢？」佛說：「有四個地方可以得見、禮敬如來。它們是：如來降生的地方、如來得道的地方、如來轉無上法輪的地方、如來涅槃的地方。」因此，佛的誕生處藍毘尼、成道處菩提伽耶、初轉法輪處鹿野苑、涅槃處拘尸那羅就是紀念佛陀的「四大聖地」。

而「八大聖地」，也是指紀念佛陀出生、成道、初轉法輪、教化、說法、涅槃等等事蹟的八處重要地點，同樣是現今佛陀信徒朝聖的地方。

1 藍毘尼 (Lumbini)
佛陀出生處，也是一切佛教的起源之地。藍毘尼位於現在印度和尼泊爾的邊界附近，後世曾經在這裡挖掘出阿育王時代的石柱遺跡。

2 鹿野苑 (Sarnath)
佛陀對五比丘初轉法輪的地方，是佛、法、僧首度齊備的地方，也是佛教僧團正式成立的地方。

3 菩提伽耶 (Bodhgaya)
這是佛陀成道處。此處臨恆河支流尼連禪河，是佛陀放棄苦行時曾經沐浴的地方。菩提伽耶位於目前印度比哈爾省南部的伽耶市附近，目前建有正覺寺，裡面供奉釋迦牟尼佛。

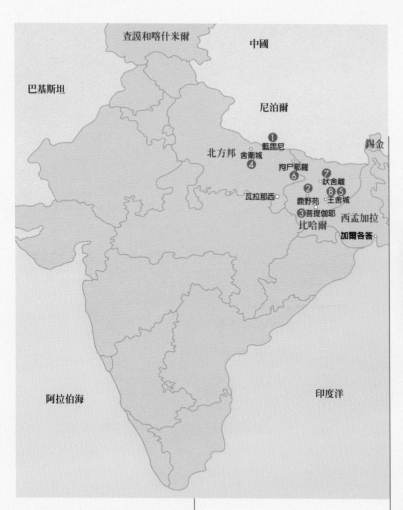

8 曲女城

傳說中佛陀上忉利天為生母說法，而後回到人間的地方。據說，這個地方還留有佛陀顯神通力的巨大腳印。

7 吠舍離 (Vaishali)

又稱作「毘舍離」，佛陀最後一次遊行教化、公開說法的地方。城中的大林精舍重閣講堂和彌猴池，也是佛陀時代的重要精舍，佛教第一位比丘尼大愛道，就在此地剃度出家。

4 舍衛城 (Sravasti)

舍衛城是古印度憍薩羅國的首都，憍薩羅國的波斯匿王也是佛陀的重要護持者之一。城中的祇樹給孤獨園是給孤獨長者和祇陀太子獻給佛陀的，這也是早期佛教的兩大傳法精舍之一。根據佛經記載，佛陀曾經在舍衛城大現神通，降伏了當時的許多外道。

5 王舍城 (Rajagrha，現名 Rajgir)

佛陀重要的弘法之城。城中有史上第一座佛教寺院——迦蘭陀竹林精舍；有著名的傳法要地靈鷲山；而城外的七葉窟，則是佛陀涅槃後五百弟子第一次經典結集的地方。

6 拘尸那羅 (Kushinagar)

又稱作「拘尸那揭羅」，是佛陀涅槃的地方，也是引起佛舍利爭奪戰的地方。目前建有涅槃堂，有涅槃像供民眾瞻仰。

佛陀生平記事

印度佛教發展史

以近代學者的看法，印度佛教發展史分為四個階段：

第一階段 原始佛教

指釋迦牟尼開始弘法，一直到他去世百年左右的佛教。由於釋迦牟尼的生平年代有多種說法，一般將這一時期定在西元前3世紀中葉以前的兩百年期間。這時期的佛教經典以四阿含、五部為主，稱為「原始聖典」。

第二階段 部派佛教

指釋迦牟尼逝世後，印度教團分裂成上座、大眾等部派的佛教，大約是指阿育王(西元前268即位)時代到西元後1或2世紀大乘佛教出現之前。後世傳到斯里蘭卡、緬甸、泰國等地的「南傳佛教」，所信奉的便是部派佛教的系統。中國佛教徒稱他們為「小乘佛教」。

第三階段 大乘佛教

大約萌芽於西元前1世紀，而在西曆紀元之初較具體成形，直到西元700年左右衰微。此時期信仰最大的不同是崇奉《法華經》、《華嚴經》等大乘經典，並講究菩薩道，尊重諸佛菩薩信仰。後世傳到中國、日本、韓國等地區的「北傳佛教」，所信奉的便是大乘佛教的系統。

第四階段 密教

大約盛行在西元700-1203年(超戒寺被毀，印度佛教滅亡)之間。此派所崇奉的典籍與大小乘都不相同，特別重視修持儀軌。後世盛行的藏傳佛教(金剛乘)或日本真言宗，最早都是由此一階段發展出來的。

始年二十九，出家修善道，成道至於今，經五十餘年。三昧明行具，長修於淨戒，離斯少道分，此外無沙門。——《雜阿含經》卷第三十五·第979經

佛陀的生平，並未有完整的歷史記載，僅能就原始經典所有的零星記載加以整理：

佛陀一生	重要記事
佛陀誕生	◎南傳佛教以西元前623年為佛陀誕生年(北傳佛教則為西元前560年)，當時印度為十六大國並立，另有無數小國林立，彼此相互兼併。 ◎佛陀誕生七日後，母親摩耶夫人因病去世，改由姨母摩訶夫人扶養長大。
七歲	◎拜婆羅門跋陀羅尼為師，學習四吠陀、五因明等學問。
十二歲	◎開始習武。據說悉達多太子精擅擊技射術，一箭能射穿七面皮鼓。
十七歲	◎與天臂城善覺王的女兒耶輸陀羅結婚。爾後生有一子羅睺羅。因感生、老、病、死的苦惱，有出家追求真理之志。
二十九歲	◎遊四門，見到生老病死的慘狀，於是離宮出家求道。 ◎南下摩竭陀國拜訪阿羅藍仙人與鬱陀仙人，學習禪定的方法。 ◎再至苦行林拜訪修苦行的婆羅門，學習修苦行的方法。
三十五歲	◎經過六年苦行，形體瘦弱，體悟到修苦行非解脫之道，於是放棄苦行，前往伽耶山附近的尼連禪河畔，獨自於菩提樹下思維解脫之道。 ◎接受牧羊女的乳糜供養。五位隨侍比丘誤會佛陀退轉道心，不告而別。 ◎菩提樹下成道。 ◎前往鹿野苑度化五比丘，說四諦法，俗稱「初轉法輪」，此時佛、法、僧三寶正式完備。 ◎在鹿野苑度化富家子耶舍，及其親友共五十五人為徒，形成最早的僧團組織。 ◎耶舍的父母親皈依佛陀，成為佛教的第一位優婆塞與優婆夷。
三十六歲	◎前往摩竭陀國度化三迦葉，收了一千名弟子，從此僧團組織的基礎更穩固。 ◎摩揭陀國的頻婆娑羅王皈依佛陀，並建竹林精舍，供佛陀安居及弘法使用。 ◎佛陀率眾前往竹林精舍定居，並在此展開為期五年的弘法。 ◎舍利弗、目犍連、大迦葉等人相繼皈依佛陀，出家修行。 ◎北方憍薩羅國舍衛城的須達多長者至竹林精舍拜謁佛陀，表明願為佛建造精舍，請求佛陀帶領比丘到舍衛城去弘法。
三十九歲	◎發生須提那破戒事件，佛陀於是開始制訂戒律。
四十歲	◎佛陀率眾前往北方的憍薩羅國，安住在須達多長者所捐贈的祇園精舍，展開北方的弘法工作。此後佛陀便經常南北往返於竹林精舍與祇園精舍之間，四處遊化。

	◎憍薩羅國的波斯匿王皈依佛陀。
四十三歲	◎淨飯王派大臣優陀夷前往憍薩羅國的首都舍衛城迎請佛陀回國。在這同時,優陀夷皈依佛陀,出家做了比丘。
	◎佛陀回迦毗羅衛城,受到熱烈地歡迎。
	◎提婆達多、阿那律、跋提、婆娑等王子相繼追隨佛陀出家。而服侍這群王族的理髮師優婆離,屬於種姓階級最下層的首陀羅(奴隸),他請求佛陀允准皈依出家,佛陀歡喜為其剃度。從此,在佛陀的教團裡,不分階級,提倡四姓平等,凡是出家修行即一視平等,在當時的社會,引起前所未有的震撼。
	◎佛陀唯一的兒子羅睺羅出家。
	◎佛陀的弟弟難陀出家。
	◎佛陀的堂弟阿難出家,後跟隨佛陀身旁作侍者,達二十五年。
	◎佛陀的父親淨飯王去世,享年九十三歲。之後由阿那律的哥哥摩訶那摩出任國王,管理迦毗羅衛國。
	◎摩訶夫人(大愛道)率領宮女皈依佛陀出家,從此女子也可以出家。
	◎佛陀的妻子耶輸陀羅出家。
五十多歲	◎佛陀的獨子羅睺羅去世(按經上記載,羅睺羅不到三十歲就入涅槃了)。
	◎提婆達多蠱惑阿闍世太子發動政變,囚禁頻婆娑羅王,自立為阿闍世王。
	◎佛陀的摯友摩揭陀國的頻婆娑羅王在獄中去世。
七十歲	◎提婆達多叛變,欲分裂僧團,但遭佛陀制止。
	◎阿闍世王皈依佛陀。
	◎憍薩羅國的琉璃王子陰謀篡位,波斯匿王出走到迦毗羅衛國,不久因病去世。
	◎琉璃王出兵攻打迦毗羅衛國,被佛陀阻止三次。
	◎琉璃王第四度出兵,佔領迦毗羅衛國。
	◎憍薩羅國皇宮發生大火,琉璃王與眾多妃子均被燒死。
	◎憍薩羅國與迦毗羅衛國併入摩揭陀國的版圖。
七十八、九歲	◎佛陀渡恆河,前往越祇國與吠舍離國弘法。
	◎阿闍世王準備攻打越祇國,為佛陀所勸止。
	◎佛陀的弟子舍利弗與目犍連相繼去世。
八十歲	◎佛陀在吠舍離城外的大林精舍病倒,兩、三個月後才漸漸恢復。
	◎佛陀在遮婆羅塔告訴弟子三個月後即將涅槃的消息。
	◎佛陀在波婆城接受金匠純陀供養的旃檀茸,據說佛陀食後即感身體不適。
	◎臨涅槃前,猶度化外道須跋陀羅,成為佛陀最後一個弟子。
	◎佛陀在拘尸那迦羅城的娑羅雙樹間,以吉祥臥之姿進入涅槃。

資料參考:佛學世界‧網路藏經閣

哪些經典最貼近佛陀在世的身教言行？

在佛陀的歷史研究中，最貼近佛陀在世言行的經典以「北傳四阿含」與「南傳五部」為首。

最古老的佛陀法教

不過，這兩部經典當初並不是為了佛陀立傳而記錄，而是為了詳實記述佛陀在世的原始法教。特別是佛陀成道後最初數年間的活動，以及入滅前後的事蹟，有相當具體而詳細的記錄。兩部經典的成立是在佛陀涅槃後第一次和第二次經典結集時，由弟子們口傳記頌下來的，被視為最古老的佛陀法教，一般稱為「原始聖典」。

從這些經裡頭可以看見當時佛教產生的客觀環境，了解佛陀所具有的人本主義、追求解脫的精神。它所呈現的是一個會吃飯、睡覺，會快樂、憂傷，也會生病、老去的人，有別於一般過於神化的佛陀經典。

經典的來源

佛陀入滅後一百年，原始佛教開始分裂成上座部、大眾部，之後再分出許多部，並各有所傳的經典。其中，只有南傳上座部的經典，到了今天，仍完全保存下來，共計五部，用巴利語書寫，就是「南傳五部」，或稱為「巴利五部」。至於北傳的四阿含則匯集了其他各部片斷的經典，以梵文書寫，成立了北傳「北傳四阿含」。

阿含，梵語作 Āgama，原意是「來」的意思，指傳承而來的教說，或傳承佛陀教法的經典。「北傳四阿含」包括四部經典：《雜阿含經》、《中阿含經》、《長阿含經》以及《增一阿含經》。每一部經各具特色，內含多部經在內，宛如一部大叢書。

相對於「北傳四阿含」，南傳「五部」包括有《相應部》、《中部》、

南傳五部與北傳阿含經的對照

南傳五部	北傳四阿含	說明
《相應部》2875經	《雜阿含》1362經	《雜阿含》1362經中，有1/3與南傳《相應部》相同，另有約120經與《中部》所收相同。
《長部》34經	《長阿含》30經	《長阿含》30經中，有27或28經與《長部》相同。
《中部》152經	《中阿含》222經	《中阿含》222經中，有96經與《中部》相同，其餘有若干經可以在《長部》、《相應部》、《增支部》找到。
《增支部》2198經	《增一阿含經》472經	《增一阿含經》472經，與南傳《增支部》只有135經相同。
《小部》15經		北傳四阿含並沒有相當於《小部》的叢書。

（此表資料參考藍吉富所著《佛教史料學》一書，1997，東大出版）

教主釋迦牟尼說經圖
元代（1271-1368）
台北故宮博物院收藏

《長部》、《增支部》以及《小部》，各部下面也各有許多經，其中《小部》是「北傳四阿含經」所沒有的。相較來說，「南傳五部」組織完整，較爲齊備，而「北傳四阿含經」則較爲片斷零散。將兩者相互對照比較，對於佛陀生平與教法，可有較周全了解。

　　了解佛陀在世的言行身教，除了「北傳四阿含經」和「南傳五部」經典之外，還有「律藏」。「律藏」所記載的是佛陀當時如何制定戒律、僧徒實踐的實例、教團制度以及出家生活的種種規定等等。現存各部律藏有下列幾種：

　　1.《南傳巴利律》2.《四分律》3.《五分律》4.《十誦律》5.《根本說一切有部律》6.《摩訶僧祇律》。除了《南傳巴利律》之外，其餘五種都收在《大正藏》的〈律部〉。

親近佛陀，你可以閱讀哪些經典？

佛陀的相關經典很多，廣義者冠上「如是我聞，一時佛在……」都可算是佛陀經典，因為它們都是延伸、演繹佛陀教法。面對廣博浩瀚的經典，要親近佛陀，可以從認識佛陀的原始法教以及生平事蹟開始。

■ 最貼近佛陀在世言行的原始經典──「北傳四阿含經」與「南傳五部」

想從經典認識佛陀，第一重要的是「北傳四阿含」與「南傳五部」。它們是原始佛教的聖典，平實記載了佛陀最早的言行記錄。(可詳見第59檔案)

■ 古老的佛傳經典──《佛所行讚》

在原始佛教時代，並沒有特定的經典詳載佛陀生平事蹟，一直到佛滅後二、三百年，因為世人對佛陀的記憶逐漸淡薄，信徒便想把佛陀的生平事蹟綜合下來，於是，各種佛傳陸續產生。

現存較為人所熟知的佛傳經典是西元2世紀佛教詩人馬鳴(Āsvaghosa)所寫的《佛所行讚》，此經用梵語書寫，以優雅的韻文敘述佛陀誕生到入滅。後由北涼的曇無讖譯為中文，共有二十八章。這部經的特點是佛陀事蹟被描述成帶有濃厚的神話色彩，後世的佛陀傳經典通常都有這個特點，因此，如果探究歷史上的佛陀生涯，就要多比較不同佛陀傳經典的記載，並參照原始經典如「北傳四阿含」、「南傳五部」或「律藏」的資料，來找出可靠可信的素材。

除了《佛所行讚》之外，後世還有以下較為人熟悉的佛傳經典：

經名	漢譯本譯者	內容
佛本行集經 60 品	隋代 闍那崛多譯	從佛陀的過去本生說到佛陀成道後六年歸鄉為止。
佛說普曜經 8 卷	西晉 竺法護譯	敘述佛陀誕生到初轉法輪為止。
修行本起經 2 卷	後漢 竺大力、共康孟詳譯	敘述佛陀入胎到成道事蹟。
中本起經 2 卷	後漢 曇果、共康孟詳譯	敘述佛陀成道後的教化行跡。
過去現在因果經 4 卷	宋 求那跋陀羅譯	從普光佛授記到收服大迦葉為止。
慧上菩薩問大善權經 2 卷	西晉 竺法護譯	此為《大寶積經‧第三十八大乘方便會》的異譯，闡述佛傳要義。
太子瑞應本起經 2 卷	吳 支謙譯	從修行菩薩行到教化三迦葉為止。
菩薩本生鬘論 16 卷	趙宋 慧詢等譯	敘述佛陀宿世的因緣

▍譯本最多的佛陀經典──《法句經》

被譯成最多國語言、擁有最多讀者的經典，首推巴利文《法句經》，譯本包括有中文、英文、日文、德文、法文、俄文、義大利和其他多國語，是大家最熟悉也最愛讀的佛經。這部經是從佛陀說法中匯集出來的格言詩集，收錄在「南傳五部」的第五部《小部》裡。《法句經》漢譯本(指吳代支謙的譯本)的序文裡有一段開宗明義，意思是：

「法句的偈是眾經的要義⋯⋯這是佛陀看見事情而作的，而不是一時之言。每首偈語的誕生都有其因緣，並散見在各種經典中⋯⋯自從佛陀入滅後，各部派從眾經《阿含經》中，找出四句和六句偈，並加以分類編輯，才成為《法句經》。」

《法句經》是以詩偈的體材，表現佛法義理與人生智慧，淺顯易懂、易於記誦，是學佛者的入門書。最早的漢譯《法句經》共有39品752偈。像著名的諸佛通戒偈：「諸惡莫作，諸善奉行，自淨其意，是諸佛教。」就是出自《法句經》。

▍述說佛陀累世修行的經典──《本生經》

《本生經》又稱為《本生譚》或《本生故事》，收集有547則佛陀諸多前生的傳奇故事，每則本生前有引言，說明佛陀講述故事的背景。《本生經》屬於南傳佛教巴利文經典，經典成立於西元前1世紀，第四次經典結集之時。本生經講述佛陀的前生是菩薩，在累世中不斷轉生修行，直到最後一世從兜率天下降到人間成佛。菩薩曾經轉生成人類、動物或天神，其目的是最後要通往覺悟之途。這是為最早有關菩薩的定義。在佛教藝術裡，以本生故事做為題材的文學、繪畫、音樂等作品出現在各個時代，可見得它被民眾喜愛與接受的程度。

小喇嘛藉由讀經來了解佛陀傳衍千代的佛法精義。(黃丁盛攝)

圖像篇
佛陀造像的
解析與演變

釋迦牟尼佛壁畫 西藏桑耶寺
身著袈裟的釋迦牟尼佛採跏趺
坐,左手托缽,右手持降魔印,
是典型佛陀造像。(黃永松攝)

圖像篇 壹

佛陀的法相—佛陀造像元素解析

佛陀長什麼樣子？有哪些特徵？

在早期的原始經典裡，曾數次提到釋迦牟尼佛有殊勝的容貌，經裡稱為「三十二相」，這是古印度人描述釋迦牟尼的長相特徵。後來的藝術家以「三十二相」為依據，造立各種釋迦牟尼佛像。隨後，三十二相也成為大乘諸佛造像的依據，所有的佛都具備有三十二相的特徵，不單單只有釋迦牟尼佛有三十二相。此外，在大乘佛教系統，還有嚴格的儀軌經典來規範諸佛菩薩的造像。這些都是現在我們看到的佛陀法相的依據。

從下面這幅西藏桑耶寺的釋迦牟尼像，可以找出釋迦牟尼法相的重要特徵與元素。

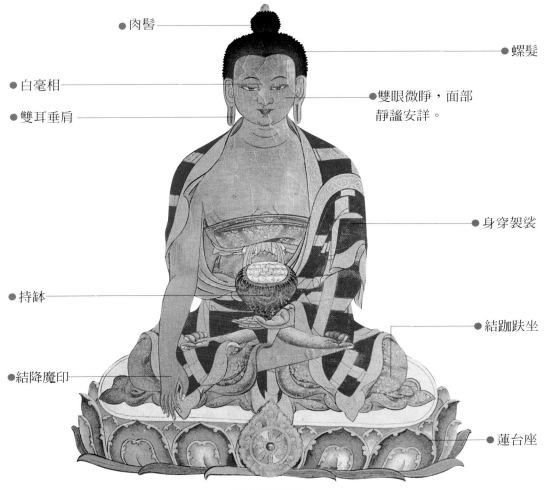

肉髻

螺髮

白毫相

雙眼微睜，面部
靜謐安詳。

雙耳垂肩

身穿袈裟

持缽

結跏趺坐

結降魔印

蓮台座

桑耶寺釋迦牟尼坐像

1 佛陀的姿勢

在佛像藝術中，諸佛菩薩的姿勢，是一種身體語言，藉以傳達世人特殊的屬性。

釋迦牟尼佛常見的姿勢有五種：

印度菩提伽耶的佛陀坐像 (吳進生攝)

山西天龍山釋迦坐像 (王露攝)

北齊佛立像 震旦文教基金會收藏

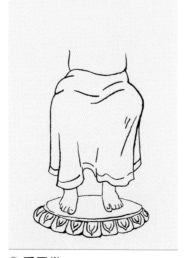

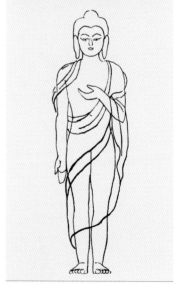

1 跏趺坐

又稱為「禪定坐」。雙腿盤坐，兩足心皆朝上互相交疊，一般俗稱「雙盤」。代表禪定思惟。

2 垂足坐

雙腳自然垂於座下，腳板平放在地上。

3 正立姿

抬頭挺胸，雙腳自然平均站立。

印度鹿野苑佛立像（吳進生攝）

斯里蘭卡的古臥佛（黃丁盛攝）

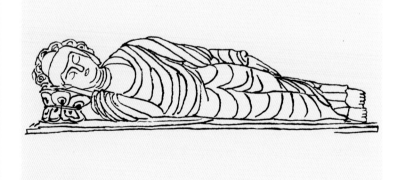

④ 行走姿

佛做行走狀，象徵佛陀遊行教化。

⑤ 吉祥臥姿

就是涅槃像，又稱為「臥佛」。佛枕右脅而臥的姿勢，象徵佛陀涅槃。

佛陀的手印

手印，又稱爲「印契」，是諸佛菩薩用來向世人傳達所具有的悲心與誓願，是辨識佛菩薩的重要標誌。能辨識佛菩薩的手印，便能了解佛菩薩的本意，並與他相應。釋迦牟尼佛常見的手印有五種：

西藏金銅佛坐像 (陳慶隆提供)

犍陀羅佛坐像 (吳進生攝)

西藏金銅佛坐像 (陳慶隆提供)

北齊佛立像 震旦文教基金會收藏

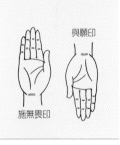
與願印

施無畏印

❶ 降魔印

梵語 bhumisparsa，又稱「觸地印」，象徵召地神爲證，降伏魔羅，這是佛陀成道時所結的印相。雙腿盤坐，右手下垂於膝前，掌心向內。左手平放在腿上，掌心向上。

❷ 轉法輪印

梵語 dharmachakra，象徵佛陀說法。這是佛陀初次說法的手勢。雙手拇指與食指相接，形成兩個圈圈，代表法輪，其餘三指微微彎曲，置於胸前。

❸ 禪定印

梵語 dhyanamudra。象徵悟道禪思。兩腿盤坐，兩手掌心向上，平放在腿上，一掌置於另一掌之上。這是諸佛常見的持印。

❹ 施無畏印

梵語 abhaya。象徵布施無怖畏給眾生。手半舉，掌心朝外。

❺ 與願印

梵語 varada。象徵施與信徒願望。手下垂於膝前，掌心朝外。釋迦牟尼佛有時是右手持施無畏印，左手持與願印的造形。

3 佛陀的身形容貌

經典中記載佛陀的身形容貌有「三十二相、八十種好」，在實際造像上能表現的特徵如下：

1 頭部

頂上肉髻：佛陀頭頂上有凸起的肉髻，象徵佛的智力超人。佛蓄留的短卷髮覆蓋在肉髻上。

螺髮：卷曲短髮，似螺殼狀。

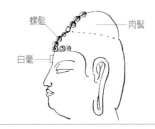

2 臉部

臉形：經上說佛陀是「希有金容如滿月」，臉形如圓月，下巴圓潤飽滿。

白毫相：佛陀的兩眉中間，有一根白毫毛，伸開來有1丈5尺長，周圍5寸，放光時世界通明。若不放光時，白毫毛右旋收起，像顆寶珠在兩眉之間。

眼睛：眉毛細長，雙眼微張，慈眉善目。

鼻子：鼻樑挺直。

嘴唇：嘴唇緊閉，嘴角微揚，親近詳和。

雙耳：雙耳垂肩，有耳洞，但並未戴耳環。

手掌縵網相

3 身軀：

胸部：有卍字紋。

軀幹：身軀挺直、雙肩自然垂下。

手掌、腳掌：有千輻輪的圖案、縵網相 (即手腳的指間生蹼狀縵網，張開手即可看到)、扁平足。

膚色：金身。

扁平足

明代佛坐像　震旦文教基金會收藏

西藏寶冠佛 (陳慶隆提供)

戴寶冠的釋迦佛

在密教裡的釋迦牟尼佛會頭戴寶冠，身上還綴滿纓絡珠寶。頭戴寶冠象徵釋迦牟尼具備了人間帝王的富貴相。

猜猜看！為什麼釋迦牟尼的耳垂那麼長？還有耳洞？

原本，釋迦在出家前是印度的一位太子，印度的王公貴族經常戴沉重的耳環，時間久了，耳垂便被拉長了。這就是佛陀法相有長耳垂的原因。

卍字紋的由來

卍字，梵文Srivatsalaksana，音譯為「室利靺蹉洛剎曩」，中文讀作「萬」。「卍」字紋是佛陀的「三十二相」之一，是一個吉祥符號，又稱為「吉祥海雲相」，是佛像和佛教文物常見的符號。

這個符號在佛教之前的印度早已存在，印度教的主神毘濕奴和克里希納，胸前就有卍字相。在古印度的傳說，凡能統治世界的轉輪聖王，皆具有三十二種大人相。

其實，卍字紋在古代是普遍存在的一種標誌，通常被認為是太陽或火的象徵，古印度、波斯、希臘等國家中都有出現，婆羅門教、佛教、耆那教等都使用。

卍字紋在西元前三世紀開始出現於佛典。原始經典《長阿含經》裡說，卍字是第十六種大人相，位在佛的胸前。《大薩遮尼乾子所說經》卷六說，是佛陀的第八十種好相，位於胸前。而《十地經論》十二卷則說，在悉達多未成佛時，胸臆間即有功德莊嚴金剛卍字相。其他在《方廣大莊嚴經》卷三、《有部毘奈耶雜事》第二十九卷、《大般若經》第三百八十一卷等都有卍字的記載。《楞嚴經》卷第一更說：「即時如來，從胸卍字，涌出寶光。」

 # 佛陀的持物

持物與手印一樣，是佛菩薩的重要標誌，釋迦牟尼佛的持物是缽。

西藏金銅佛坐像 (陳慶隆提供)

●缽

梵語 patra，原是比丘的隨身六物之一。所謂隨身六物指三衣、缽、坐具、漉水囊。缽是裝盛食物的器皿，佛陀時代的比丘必須持缽行乞，稱為「托缽」。

5 佛陀的衣飾

佛陀穿著的衣服叫做袈裟，也就是出家人的衣服。袈裟有兩種穿法：

6 佛陀的配置

佛陀的配置主要是指身後的背光和佛的底座。

鍵陀羅佛坐像 震旦文教基金會收藏

鍵陀羅佛坐像 震旦文教基金會收藏

桑耶寺釋迦牟尼佛 (黃永松攝)

❶ **通肩式**：袈裟披在兩肩。

❷ **偏袒右肩式**：袈裟披在左肩，右肩袒露著。

❶ 背光

背光是佛身後面所發出的光明，有圓光和身光二種：

圓光：佛首後面的圓輪光相。

身光：佛身的背光。

❷ 座

指佛的座物，稱為金剛座、菩提座或蓮華座。

7 佛陀有哪些脅侍？

進佛教寺院或佛教石窟禮佛，釋迦牟尼佛身旁大多有脅侍，到底誰會站在釋迦牟尼佛身旁？最常見的是下面六種組合。

❶ 彌勒、觀音

釋迦佛兩旁分別是觀音菩薩與彌勒菩薩，協助教化眾生。這是釋迦三尊像的最初組合。

古印度釋迦牟尼佛三尊像，兩旁為觀音與彌勒。

❷ 舍利弗、目犍連

舍利弗與目犍連是釋迦佛的二大弟子，分別是智慧第一與神通第一，他二人是佛陀在人間四十餘年遊方教化的得力助手。

釋迦牟尼佛唐卡，佛下方兩旁是舍利弗和目犍連。(陳百忠提供)

❸ 迦葉、阿難

迦葉與阿難是釋迦佛的弟子，佛陀涅槃後，兩人負起第一次經典結集的重責大任，讓佛陀在世的言教可以因此而傳播人間。

山西萬佛殿的釋迦牟尼佛，佛右邊是阿難，左邊是大迦葉。(香港佛教志蓮圖書館提供)

❹ 文殊、普賢

文殊菩薩和普賢菩薩是大乘佛教的兩大菩薩，文殊騎獅，普賢騎象，與釋迦牟尼佛在一起，是大乘佛教地區常見的三尊像組合。

釋迦牟尼佛三尊像，佛右邊是普賢，左邊是文殊。

❺ 諸弟子、菩薩

在釋迦牟尼佛像中，亦常見諸弟子與菩薩圍繞身旁。

敦煌石窟的佛說法圖，佛兩旁有弟子與菩薩。

❻ 帝釋天、大梵天

帝釋天和大梵天原是古婆羅門教的神祇，到了佛教信仰，變成為佛教護法神，護衛佛陀、佛法與出家人。

梵天勸請浮雕，佛右邊是梵天，左邊帝釋天。

8 三十二相—佛陀法相的根本依據

在佛經裡都說佛陀有「三十二相，八十種好」，這些相好特徵都成為後世造立佛像的重要依據，每一相、每一好在經裡都有清楚記載。就實際造像而言，由於部分特徵並不能被具體表現出來，因此可以將三十二相區分為隱性和顯性。顯性的相好是指可以具體呈現的特徵；隱性的相好是指抽象性或隱藏性的特徵，在實際的佛像上幾乎見不到。

1 顯性相好：具體呈現出來的容貌身形特徵

相名	特徵	部位
頭部		
頂上肉髻相	頭上有肉隆起，形狀如髻，表示佛的智力超人。	頭像頂部
白毫相	眉間生有右旋白毫（白毛），可放光芒。	眉間特徵
獅子頰相	雙頰飽滿，如獅王般威儀。	臉頰外形
牛眼睫相	睫毛很長，像牛眼一樣，但整齊不雜亂。	眼睫毛
真青眼相	眼睛是紺青色。	眼珠色澤
手足部		
手足指縵網相	手腳的指間生蹼狀縵網，張開手即可看到。	手指、腳趾
手足柔軟相	手腳柔軟、舒坦。	手腳
正立手摩膝相	正立時，雙手可下垂到膝蓋。	手腳比例
手指纖長相	雙手、雙足的指頭纖長端直。	手指、腳趾
足下安平立相	腳底板柔軟平直，站立時可緊貼地面，沒有凹處。	腳底板
足下千輻輪相	腳底板有千輻輪寶印的紋相，有的手掌心也有輪相。	手心、腳底板
足跟廣平相	腳跟圓滿廣。	腳跟
足趺高滿相	足背腳踝隆起圓滿。	腳踝
如鹿王相	下肢股骨就像鹿王一般纖圓遒勁。	腿
身軀		
身廣長等相	佛身的縱長和橫長的長度相同	造型比例
身毛右旋相	佛身的毛髮從頭到腳都是右旋狀。	毛髮
一孔一毛生相	每一毛孔各生一毛，不雜亂。	毛髮
真妙金色相	佛全身呈耀眼的金黃色。	膚色
丈光相	佛身會放光普照大千世界。	身體放光
皮膚細軟相	皮膚細薄溫潤。	膚質
七處隆滿相	指佛的雙手、雙足、兩肩和頸項等七處隆滿柔軟。	四肢、兩肩、頸部
肩膊圓滿相	肩胛到兩腋下圓滿不虛。	肩膊
師子身相	上身肩寬厚胸，體碩健朗，如獅王相。	上半身
身廣洪直相	表示佛身的縱廣為世中之最。	身材
肩圓好相	兩肩平而豐腴。	肩膊

2 隱性相好：抽象性或隱藏性的容貌身形特徵

相名	特徵	部位
口部	佛的神態為閉口微揚，無法見到開口露齒的表現。	
口四十齒相	佛口腔裡共有 40 顆牙齒。一般人通常有 28-32 顆牙。	牙齒數目
齒密齊平相	牙齒平整密接不漏。	牙形
四牙白淨相	佛的牙齒白淨光亮如雪。	牙齒顏色
聲音		
聲如梵王相	佛說法的音聲宏量如鐘。	無法表現在造像中
味覺		
常得上味相	指在佛的口中，常有諸種味覺之最上味，藉此來表示佛所說的妙法，能滿足眾生。	抽象感官，無法表現在造像中
廣長舌相	舌頭柔軟，長可蓋臉。象徵佛陀說法的音聲，可以遠聞。	隱藏而不出現
陰部		
馬陰藏相	指佛的性器隱密，宛如馬陰藏在體內。此相的用意是指佛能斷除邪婬、救護怖畏而生成。	在實際造像中，因佛著衣而不表現。

※關於佛陀所具有的「八十種好」，可以詳見《大方廣莊嚴經》卷第三。

三十二相的起源

「三十二相」並不是佛教以後才有的，早在佛教出現之前的印度造像藝術就已經存在了，像印度教的主神毘濕奴和克里希納就具備了這三十二相的特徵。無論是白毫相、胸部卍字紋、腳底千輻輪相、手足縵網相等等，這些特徵也都是古代印度教神祇造像的元素。

而在佛教經典中，《中阿含經》卷第十一最早提到三十二相：

大人成就三十二相，必有二處真諦不虛，若在家者，必為轉輪王，聰明智慧。……彼必統領此一切地乃至大海，不以刀杖，以法教令，令得安樂，若剃除鬚髮，著袈裟衣，至信、捨家、無家、學道者，必得如來、無所著、等正覺，名稱流布，周聞十方。

可見「三十二相」是傳統印度公認偉大聖人的殊勝容貌。那麼，有什麼樣的聖人具有三十二相？一是統治世界的轉輪聖王，一是得解脫道的如來。還記得釋迦牟尼在世時出遊教化，尚不曾說法，便有很多人要求皈依，這都要歸功於容貌所散發出來的莊嚴殊勝。

從無像到造像——佛陀造像的演變

佛陀法相在佛教活動和造型美術的發展上，一直有著重要核心的地位，但是，在佛教發展初期是不准造立佛像的。從現存佛教遺跡來看，在西元1世紀以前，幾乎看不到任何佛陀造像出現，因此，這個時期被學者稱爲「無像時期」。

爲什麼呢？是那時候的印度人不會造佛像嗎？其實不然，古印度人很早就在印章上雕刻各種神祇。印度佛教徒不造像的原因可能有二：一是二千五百年前釋迦牟尼在世時，反對婆羅門教的偶像崇拜。二是所謂「佛身不可量」，早期佛教徒認爲佛是超凡聖人，佛的形象是無法用語言文字和圖像來描繪的。一直要到西元1世紀印度貴霜王朝以後，才打破早期的禁忌，鼓勵造立佛像，從此，印度才出現大量佛陀造像。那麼，在「無像時期」的信徒如何紀念、禮拜佛陀呢？

1 佛陀在哪裡？ 「無像時期」的佛陀象徵物

西元1世紀以前的無像時期，雖然不能造立佛陀法相，虔敬的信徒卻會運用各種象徵物來暗示佛陀的存在，包括佛塔、佛足、法輪、金剛座和菩提樹等等。

佛塔 印度阿姜塔第10窟
此佛塔屬於覆缽形佛塔，是早期的佛塔形式。佛塔代表佛陀，早期信徒們聚集在這裡禮佛。
(吳進生攝)

❶ 佛塔(窣堵坡)

佛塔，原始譯名爲「窣堵坡(stupa)，也叫「舍利塔」。佛陀涅槃後火化，其舍利遺骨被分給八王造塔來供養，從此便成爲佛陀的象徵，也是信徒最早的膜拜物。

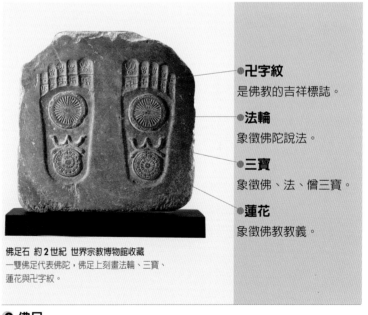

●**卍字紋**
是佛教的吉祥標誌。

●**法輪**
象徵佛陀說法。

●**三寶**
象徵佛、法、僧三寶。

●**蓮花**
象徵佛教教義。

佛足石 約2世紀 世界宗教博物館收藏
一雙佛足代表佛陀，佛足上刻畫法輪、三寶、蓮花與卍字紋。

❷ 佛足

佛陀成道後四十餘年都在恆河地區遊行說法，因此，以佛足來象徵佛的足跡與佛的存在。通常佛足上會刻繪象徵法輪、三寶、蓮花以及卍字紋。

法輪：象徵佛陀說法。

弘法石柱浮雕 印度珊奇佛塔
弘法石柱上面有一個大法輪，象徵佛陀。大法輪的兩側有長著翅膀的飛天。石柱兩旁圍繞合十膜拜的人們，下方則有生動的鹿群。(吳進生攝)

金剛座：象徵悟道的佛陀。

給孤獨長者建精舍浮雕 印度珊奇佛塔
在這浮雕中，有三個精舍，以三角構圖鼎立，花木扶疏，每間精舍外各有二位合十弟子。畫面下方有一坐在樹下的人，就是奉獻精舍的給孤獨長者。圖中精舍內的金剛座象徵佛陀。(吳進生攝)

菩提樹：象徵悟道的佛陀。

彌猴獻蜜浮雕 印度珊奇佛塔
「彌猴獻蜜」是一則佛傳故事，述說當佛陀路過秣菟羅時，一隻彌猴捧蜜奉養佛陀。在畫面右下方，彌猴一個揮舞前足，另一個雙手捧蜜。佛陀則以菩提樹的形式出現在畫面左上方。(吳進生攝)

3 法輪

輪有圓滿與常轉之意，比喻佛法圓滿無漏，常轉不停。轉法輪，就是佛在宣說佛法。因此在早期無像時代，以法輪象徵佛陀說法。

4 金剛座

佛陀經過長時間的苦行、禪修，最後在菩提樹下進入很深的禪定思維，因而悟道成佛，故以金剛座代表悟道的佛陀。

5 菩提樹

在金剛寶座上矗立一株菩提樹，代表佛陀降魔成道的地方，以此做為佛的象徵。

2 你看過長得像西方人的佛陀嗎？——最早的佛陀造像

下面這尊釋迦牟尼佛，有著一頭波浪卷髮，眼眶很深，鼻樑高，嘴唇細薄，看上去好像西方人的臉孔。這是印度古犍陀羅風格的佛陀像，年代在西元2-3世紀，屬於極早時期的佛陀造像了。為什麼佛陀會長得像西方人？這是有歷史因由的，故事從印度的貴霜王朝開始。

●貴霜王朝

西元1世紀，在印度西北和北部地區出現了一個貴霜王朝（Kusana Dynasty），到了第三代君王迦膩色迦王（Kaniska），國勢非常強大，版圖遍及蘇俄南部以及大部分的阿富汗、巴基斯坦；與羅馬、中亞、中國等地區互有商旅往來，東西方文化交流頻繁。

迦膩色迦王虔信佛教，廣建寺院佛塔、雕刻佛像；並曾召集高僧集結經典，促進大乘佛教盛行。那時誕生了二大佛教藝術中心，分別是犍陀羅（Gandhara，今巴基斯坦西北、阿富汗），和秣菟羅（Mathura，在印度中部恆河中上游地區）。其中，秣菟羅的佛像創作是印度本土的風格；而犍陀羅則吸收了來自希臘羅馬的造型風格，創作佛像。我們所看到宛如西方人的佛陀，便是犍陀羅造像風格。這種風格的佛像創作持續到西元3世紀以後。

●西方臉孔與印度臉孔的佛陀
——犍陀羅與秣菟羅風格的比較
同屬早期造像的犍陀羅與秣菟羅風格，一個是西方臉孔，一個是印度臉孔，在造像上的差別如下？

犍陀羅佛坐像 震旦文教基金會收藏

● **造型來源**：西方造型
● **造像特徵**
1. 西方臉孔。
2. 波浪卷髮、眼眶深邃、雙眼微開、高鼻樑、薄唇、赤足。
3. 身材修長。
4. 衣服感覺較厚重，多衣摺。
5. 衣服凸紋縐褶用陽刻線條表達。
6. 姿態自然。

秣菟羅

秣菟羅佛立像 (吳進生攝)

犍陀羅佛坐像 **4 世紀**

● **造型來源**：印度本土造型

● **造像特徵**

1. 印度圓臉孔。

2. 海螺形肉髻、飽滿雙頰、睜大眼睛、剃髮、赤足。

3. 身材短小、寬肩厚胸。

4. 衣服少縐褶。

5. 衣服縐褶用凹紋的陰刻線條表達。

6. 姿勢較僵硬。

犍陀羅造型的來源

這尊古犍陀羅坐佛像不像希臘的太陽神？

坐佛有著西方人的臉龐，頭後有像太陽的圓光，佛的頭上有肉髻，左手握著衣角，右手舉起，作無畏印。若仔細看，佛的眉間有白毫相，舉起的手掌心和腳掌上有千輻輪圖案等三十二相的特徵。

根據學者研究，犍陀羅造像藝術的造型根據有三：

1. 希臘太陽神的頭部

2. 羅馬人的身軀

3. 印度傳統聖人所具備的三十二相、八十種好

根據這三項元素，犍陀羅創造出佛陀形象，而這個造型風格也是後世近兩千年來佛陀造像藝術的基本型，影響甚鉅。

3 印度最完美的佛陀雕刻是笈多樣式？

西元4、5世紀，笈多王朝(Gupta Dynasty)繼貴霜王朝之後，在印度開創出統一的大帝國，這也是佛教藝術的黃金時期。當時的佛教藝術中心，已轉移到秣菟羅和鹿野苑。犍陀羅地區已經沒落，但它的藝術風格已融匯在秣菟羅裡，形成新風格表現，稱為「笈多樣式」。

笈多樣式的佛像被世人公認是最完美的佛像雕刻，從現存的笈多作品中，藝術造型優美典雅，更擅長掌握佛陀的內在神韻：神聖莊嚴，寧靜祥和。這階段所形成的造像風格也影響後世造像，包括早期中國、東南亞地區的造像，都可看到笈多風格的影子。

● **秣菟羅風格與鹿野苑風格的比較**

 秣菟羅

鹿野苑

秣菟羅佛立像 5世紀
(吳進生攝)

鹿野苑佛立像 5世紀
(吳進生攝)

● **相同處：**

1. 身穿通肩式袈裟，內著長裙，衣薄貼體，曲線畢露。

2. 雙肩寬闊，身材修長，軀體雄健。

3. 姿勢自然挺拔。

4. 有時刻繪華麗的頭光裝飾，上面刻滿花卉、連珠圖案。

● **相異處：**

兩者最大的差別在於衣紋的表現：

秣菟羅：刻畫衣紋。以陽刻平行細線表現衣紋縐褶，好似水波盪開，細密流暢。

鹿野苑：不刻畫衣紋。由於袈裟很薄，緊貼身體，又沒有刻畫衣紋，很容易產生沒有穿衣服的錯覺，但風格更加細膩柔潤。

兩幅精彩的佛傳浮雕——無像時期與造像時期的比較

下面有兩幅佛傳浮雕，左邊是無像時期的作品，右邊是造像時期的作品，兩者皆表現佛陀的一生經歷，找找看，這兩幅浮雕有什麼不同？你能找出釋迦牟尼佛在哪裡嗎？

珊奇佛塔的佛傳浮雕 (吳進生攝)

鹿野苑的佛傳浮雕 (吳進生攝)

這幅無像時期的佛傳浮雕，畫面裡沒有佛陀，卻能生動表現佛陀故事。由上到下述說四個故事，分別是：

(1) 摩耶夫人夜夢白象受胎，宮殿內的夫人裸身側臥，一頭白象凌空而來。
(2) 表現佛陀身為太子的宮廷生活，畫面中刻繪許多人騎馬與象，手執武器。
(3) 佛陀返國，淨飯王列隊歡迎。
(4) 描繪佛陀說法，其中的菩提樹象徵佛陀。

這幅造像時期的佛傳浮雕，刻畫出佛陀成道的四件大事，由下而上分別是：

(1) 摩耶夫人樹下誕生了釋迦牟尼。
(2) 釋迦在菩提樹下降魔得道。
(3) 釋迦初轉法輪。
(4) 釋迦涅槃。至於浮雕的兩側則刻繪各種姿態的佛陀。

4 世界各地的佛陀法相

佛教在西元前6世紀發軔於印度，隨後向外傳播到世界各地，發展成三大體系：即南傳、北傳與藏傳佛教。他們的傳播路線如下：

1.「南傳佛教」：由東印度經由海路傳入了斯里蘭卡以及泰國、緬甸、高棉等中南半島地區，一般俗稱為「小乘佛教」。

2.「北傳佛教」：由喀什米爾出發，傳布到希臘諸國(今巴基斯坦北部和阿富汗)，接著來到伊朗世界的邊境，隨著當時重要的東西方貿易要道──絲路，到達中亞綠洲，再經由此處傳入中國、日本、韓國等東亞地區，一般

阿富汗

巴基斯坦

德里

西藏

西藏佛陀

中國

中國佛陀(敦煌)

尼泊爾

不丹

孟加拉

尼泊爾佛陀

印度

緬甸佛陀

緬甸

越南

寮國

孟加拉灣

泰國

高棉

泰國佛陀

柬埔寨(高棉)佛陀

阿拉伯海

莫科林岬角

斯里蘭卡佛陀

斯里蘭卡

印度洋

馬來西亞

印尼佛陀

印尼

俗稱為「大乘佛教」。

3.「藏傳佛教」：又稱「金剛乘佛教」，是在西元7、8世紀時，分別由東印度越過喜馬拉雅山，進入西藏。今日的蒙古、不丹、錫金也是藏傳佛教的盛行地區。

因此，在大部分的亞洲世界都可以看見偉大的佛陀法相。

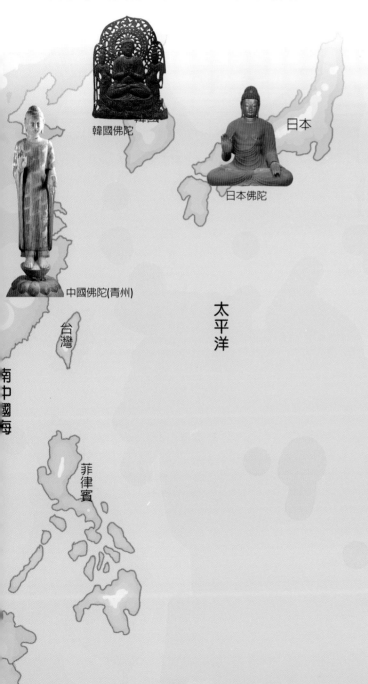

韓國佛陀

日本

日本佛陀

中國佛陀(青州)

台灣

南中國海

太平洋

菲律賓

歷史上最大的立佛

世界上最大的立佛是阿富汗梵衍那石窟的巴米揚(Bamiyan)大佛，與敦煌石窟、印度阿占塔石窟，同列為世界三大佛教藝術遺產。很不幸的，巴米揚大佛在西元2001年遭到阿富汗塔里班政權摧毀，化為灰燼。

巴米揚大佛位於興都庫什山脈的巴米揚峽谷，此峽谷是古時印度半島、中亞地區的交通要衝，可接駁著名的絲路。所建造的大佛是釋迦牟尼佛，有兩尊，一尊高38公尺，有一千八百年歷史；另一尊高53公尺，有一千五百年歷史，是世界上最高的佛像，屬印度犍陀羅造像風格。

在歷史上唯一記載過這兩尊大佛的是玄奘法師，玄奘法師在西元632年旅經巴米揚，他在《大唐西域記》裡寫道：

「梵衍那國都城東北的山曲處有一座立佛石像，高達一百四、五十尺，金色光彩鮮豔奪目，珍寶裝綴輝煌燦爛。……佛寺之東又有黃銅製作的釋迦立像，高達一百多尺，像身各部分別鑄造，然後組裝而成。」

這是歷史典籍對此地的唯一描述。由於阿富汗古來戰亂不斷，統治者更迭，因此古佛也多次遭受摧殘破壞。對比著玄奘法師的記錄，世人對這兩尊大佛的最後認識是臉部已被剷平，較高的立佛腿部被敲斷，而所有的金身與寶光，後人也僅能依靠想像。

阿富汗巴米揚大佛 (經典雜誌提供)

5 中國地區的佛陀造像

佛教起源於印度，隨著僧人和絲路商旅隊伍傳進中國，最早溯及西漢末年；而佛陀造像則大約從東漢末年以及魏晉時代便開始了，早期仍受犍陀羅風格影響。隨後，逐漸展現中土風格，歷經南北朝、隋唐，達到圓熟的造型風格。基本上，中國佛教造像的脈絡承襲自印度、西域地區，而後逐漸發展成獨特體系，並進而影響日本、韓國地區的佛教造像。

如來坐像 十六國時期(304-439)
屬於犍陀羅風格。佛陀坐於金剛獅子座，採金剛坐姿，披通肩袈裟，有波浪型髮髻，頂有肉髻，眉間白毫相，有短鬚，低目微笑，雙肩有火燄。(吳進生攝)

雲崗大佛 北魏(386-534)
此尊坐佛顯見受印度和西域風格影響，氣勢雄偉渾厚。(吳進生攝)

佛立像 東魏(534-550) 震旦文教基金會收藏
佛陀穿上了中國文人儒士的服裝，也就是內衣繫帶，外衣對領，下身的裙裳較寬長，稱為「褒衣博帶」，開創出屬於中國自己的造像風格。

1 五胡十六國時期(304-439)

此時期中國的造像剛萌芽，明顯受印度犍陀羅風格影響。

2 南北期 (386-589)

南北朝是戰亂浩劫的時代，卻也是佛教在中土蓬勃發展，深得民心的時代。

北魏武帝(386-534)統一華北建立北朝，文治武功極盛一時，加上遊牧民族的強悍性格，因此佛陀造像多具磅礴氣勢，並帶有濃厚西域色彩。像北魏文帝時期建造的雲岡石窟，初期開鑿便屬於這時期造像作品。

到了5世紀末、6世紀初，北魏孝文帝推行漢化政策，造像風格丕變，逐漸展示出俊秀可親的漢式造像。特別是讓佛陀穿上當時文人儒士的衣裳，創造出「褒衣博帶」的表現特徵，華麗厚重，也是這時期開創的特色。像雲岡石窟第二期開

山東青州佛立像　北齊(550-577)
這階段的佛陀造像風格樸實簡潔，表現出薄衣貼體，展現身軀的美感。(王露攝)

釋迦牟尼佛坐像　遼代(916-1125)　山西大同下華嚴寺
這尊釋迦牟尼佛屬遼代作品，面容詳和圓滿，衣褶簡潔。(李信男攝)

鑿作品以及龍門石窟，就是屬於這階段的造像風格。

到了北齊(550-577)的造像，佛陀面容漸趨長圓而豐碩，衣紋漸趨簡潔而明快，衣褶減少，表現出薄衣貼體和曲體畢露的美感。有的並不刻衣紋，而是彩繪衣身。整體感覺較樸實流暢。此時期造像可以山東青州為代表。

❸ 隋唐以後 (約西元 6 世紀末以後)

隋代的佛陀造像一方面繼承齊周風格，另一方面發展出在頸部畫上三道線條表現，面容柔和圓滿，衣褶流麗柔巧。唐以後，佛陀造像相貌端嚴，表情溫雅，衣褶簡潔。中國造像風格大致到此底定，沒有太大變異。

6 藏傳佛教的佛陀造像

藏傳佛教唐卡裡的釋迦牟尼佛，最常見的表現方式是肉膚，身著佛裝，結跏趺坐，右手持觸地印、左手托缽的造像；也有持轉法輪印、禪定印、與願印等。

釋迦牟尼佛的另一種造像則是身穿佛裝、頭戴寶冠的「寶冠佛陀」，象徵具備了人間帝王相。(見第137頁「戴寶冠的釋迦佛」)這種特殊的結合在印度笈多時代(約西元4、5世紀)已經出現。

釋迦牟尼佛辨識法：

藏傳佛教的諸佛法相表現較繁複，不易辨識。在唐卡中如何辨認釋迦牟尼佛呢？

1.釋迦牟尼佛必須著佛裝。

2.釋迦牟尼佛最常見的手勢是右手降魔印、左手平放腿上或托缽。

3.唐卡中的釋迦牟尼佛是肉膚表現。

4.有佛本生或佛傳故事做為背景，像是白象入胎、右脅誕生、降魔、成道、涅槃等等。這是最關鍵的判定。

● 佛陀降魔得道

● 佛陀轉法輪

● 白象入胎

● 供養精舍

● 削髮出家

● 彌猴獻蜜

● 乘馬出城

● 太子射箭

● 出城遊觀

● 樹下誕生

釋迦牟尼佛唐卡 18世紀 西藏地區 (徐先生提供)

國家圖書館出版品預行編目資料

釋迦牟尼小百科 / 顏素慧著. — 初版. — 臺北市：

橡樹林文化出版：城邦文化發行，

2002〔民91〕
154面： 19 x 26公分
ISBN 986-12-0011-8(平裝)
1.釋迦牟尼 (Gautama, Buddha, 560-480
B.C.) — 傳記

229.1   91003209

釋迦牟尼小百科
——第一本親近佛陀的書

編　著	顏素慧
執行編輯	許經緯
美術總監	舞陽美術·邱榆鑑
版面構成	王佳恩、張淑珍、吳家俊、杜詠芬
封面設計	張淑珍

發 行 人	涂玉雲
副總編輯	張嘉芳
編　輯	劉芸蓁
行　銷	劉順眾、顏宏紋、李君宜
出　版	橡樹林文化·城邦文化事業股份有限公司
	台北市信義路二段213號11樓
	電話：(02)23560933 傳真：(02)23560914
發　行	英屬蓋曼群島商家庭傳媒股份有限公司城邦分公司
	台北市中山區民生東路二段141號2樓
	書虫客服服務專線：(02)25007718；(02)25007719
	24小時傳真專線：(02)25001990；(02)25001991
	服務時間：週一至週五上午09：30 - 12：00；下午13：30 - 17：00
	劃撥帳號：19863813；戶名：書虫股份有限公司
	讀者服務信箱：service@readingclub.com.tw
	城邦讀書花園網址：www.cite.com.tw
香港發行所	城邦（香港）出版集團有限公司
	香港灣仔駱克道193號東超商業中心1樓
	電話：(852)25086231 傳真：(852)25789337
馬新發行所	城邦（馬新）出版集團【Cite(M)Sdn.Bhd.(458372 U)】
	11, Jalan 30D/146, Desa Tasik, Sungai Besi,
	57000 Kuala Lumpur, Malaysia
	電話：(603)90563833 傳真：(603)-90562833
初版1刷	2002年3月
初版14刷	2009年2月

ISBN 986-12-0011-8
定價：420元

本書要特別感謝以下的單位與朋友提供圖片：

佛光山、世界宗教博物館、香港佛教志蓮圖書館、中國文物學會攝影委員會會長王露女
士、攝影家黃丁盛先生、李信男先生、雕塑家吳進生先生、唐山樂集陳百忠、有容古文
物藝術陳慶隆先生以及作家林許文二先生。